作画／矢野 茜
仕上げ・特効／鈴木ようこ

アニメ 弱《じゃく》キャラ友《とも》崎《ざき》くん

The Low Tier Character "TOMOZAKI-kun"

公式攻略ガイド

アニメ 弱《じゃく》キャラ友《とも》崎《ざき》くん 公式攻略ガイド

The Low Tier Character "TOMOZAKI-kun"

CONTENTS

第1章 キャラクター紹介

**本作に登場する個性的なキャラクターたちを紹介。
私服設定や表情集など、秘蔵の設定も大公開！**

アタファミは日本一だけど学校では弱キャラ高校生

友崎文也

ともざき ふみや

声／佐藤元

ステータス	
ジョブ	帰宅部／ゲーマー
趣味・特技	ゲーム（とくに『アタファミ』）
スキル	努力

制服
夏制服

◀服装CHECK

当初の私服はしわだらけでだらしなかった友崎。だが日南に服を選ぶコツを教わり、ファッションは改善された。

表情集

～セット髪ver～
友崎文也
ともざき ふみや

本作の主人公で高校2年生。対戦格闘ゲーム『アタックファミリーズ（略称・アタファミ）』で全国1位の実力。ハンドルネームはnanashi。『アタファミ』を神ゲーと賞賛する一方で人生をクソゲーと呼び、友達も恋人もいない「弱キャラ」として生きていた。そんな中、「人生は神ゲーだ」と主張する日南の言葉により、人生と向き合うことを決めた。彼女から出される「課題」を達成していくなかで多くの友人ができて、人生を良ゲーと思えるまでに成長した。

日南と出会う前は見た目も冴えない男

伏し目がちで髪もボサボサ、表情も暗かった友崎。それが笑顔の練習をして身だしなみを整えたことで、見違えるほど変化した。日南や水沢のアドバイスがあったとは言え、変われたのは友崎の努力のたまものだ。

設定集（初期）

～初期マスクver.～
友崎文也
ともざき ふみや

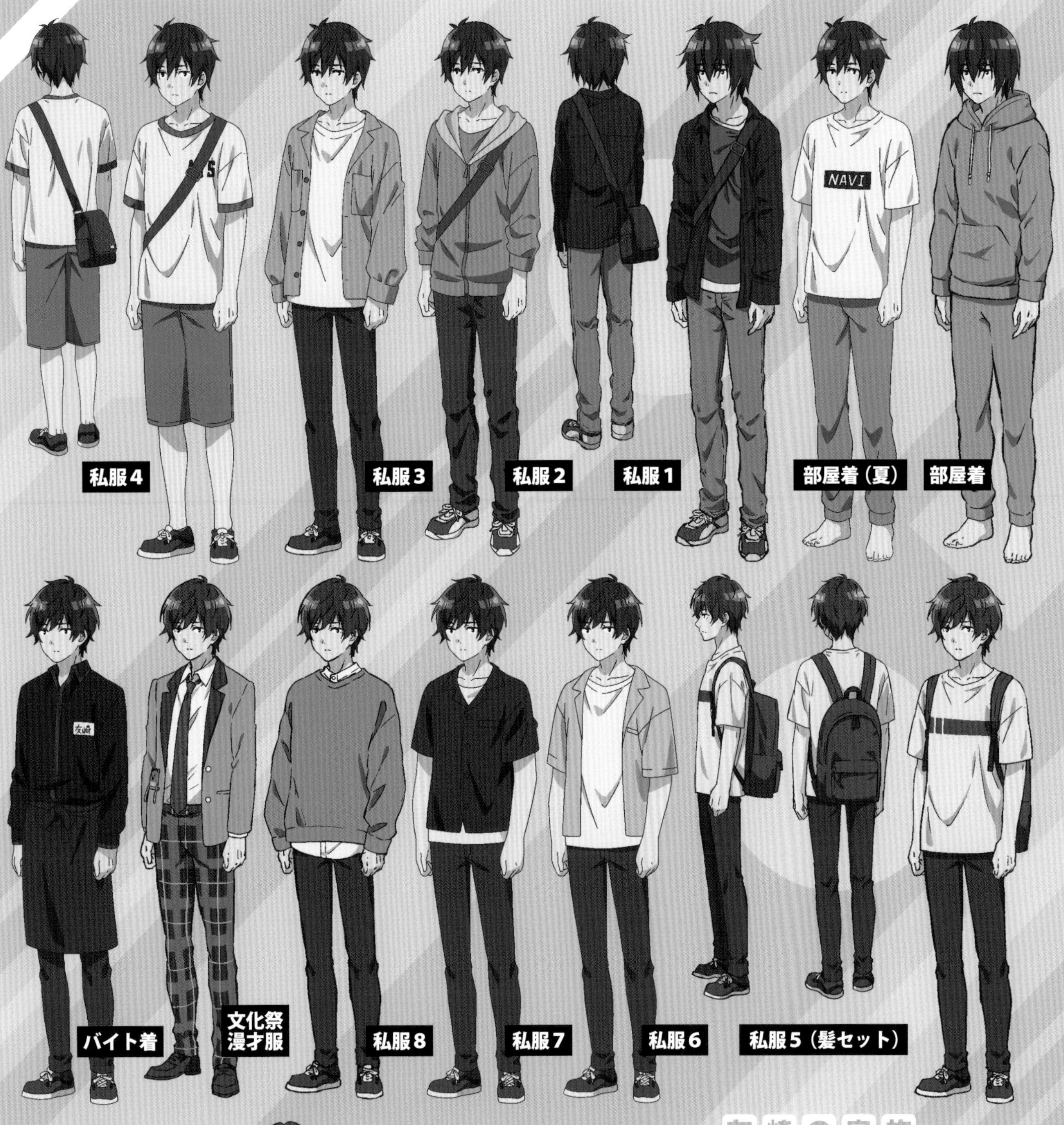
私服4
私服3
私服2
私服1
部屋着（夏）
部屋着
NAVI
友崎
バイト着
文化祭
漫才服
私服8
私服7
私服6
私服5（髪セット）

友崎の家族

友崎の母

声／伊藤美紀

友崎が家に日南、みなみ、水沢を連れてきたことがよほどうれしかったのか、ハイテンションでケーキを買いに行こうとしていた。

友崎
妹

友崎の妹

声／日高里菜

兄に冷たい態度を取りがちだが、心が折れかけた様子に喝を入れたり菊池への返信忘れを指摘したりするなど、兄のことをよく見ている。

学校で完璧な優等生を演じる友崎の同級生。『アタファミ』日本2位のNONAMEでもある。穏やかな外面の裏に負けず嫌いな面を隠している努力の鬼。周囲が苦笑するほどにチーズ好きという一面もある。友崎に人生というゲームのルールを教え、ときに意見が対立することもあったが、和解したあとは彼が人生を攻略する姿を見守り続けている。花火がイジメを受けたときに過剰なまでの怒りを見せたが……。謎めいた部分が多いヒロイン。

友崎に「人生」を教える学校のパーフェクトヒロイン

ひなみ あおい　声／金元寿子

日南葵

◀ 服装CHECK

友崎と一緒に出かけるシーンが多かったためか私服も頻出。部活着やユニフォームなど、陸上部関連の衣装も。

夏制服

制服

ステータス

ジョブ	陸上部員／生徒会長
趣味・特技	勉強、スポーツ、アタファミ
スキル	才色兼備

表情集

友崎の前では素の自分

他人の前では完璧に理想の自分を作る日南。だが一度素を見せてしまった友崎の前だけでは飾らず、みんなの前とは違った表情を見せることが多い。

表情集（対友崎）

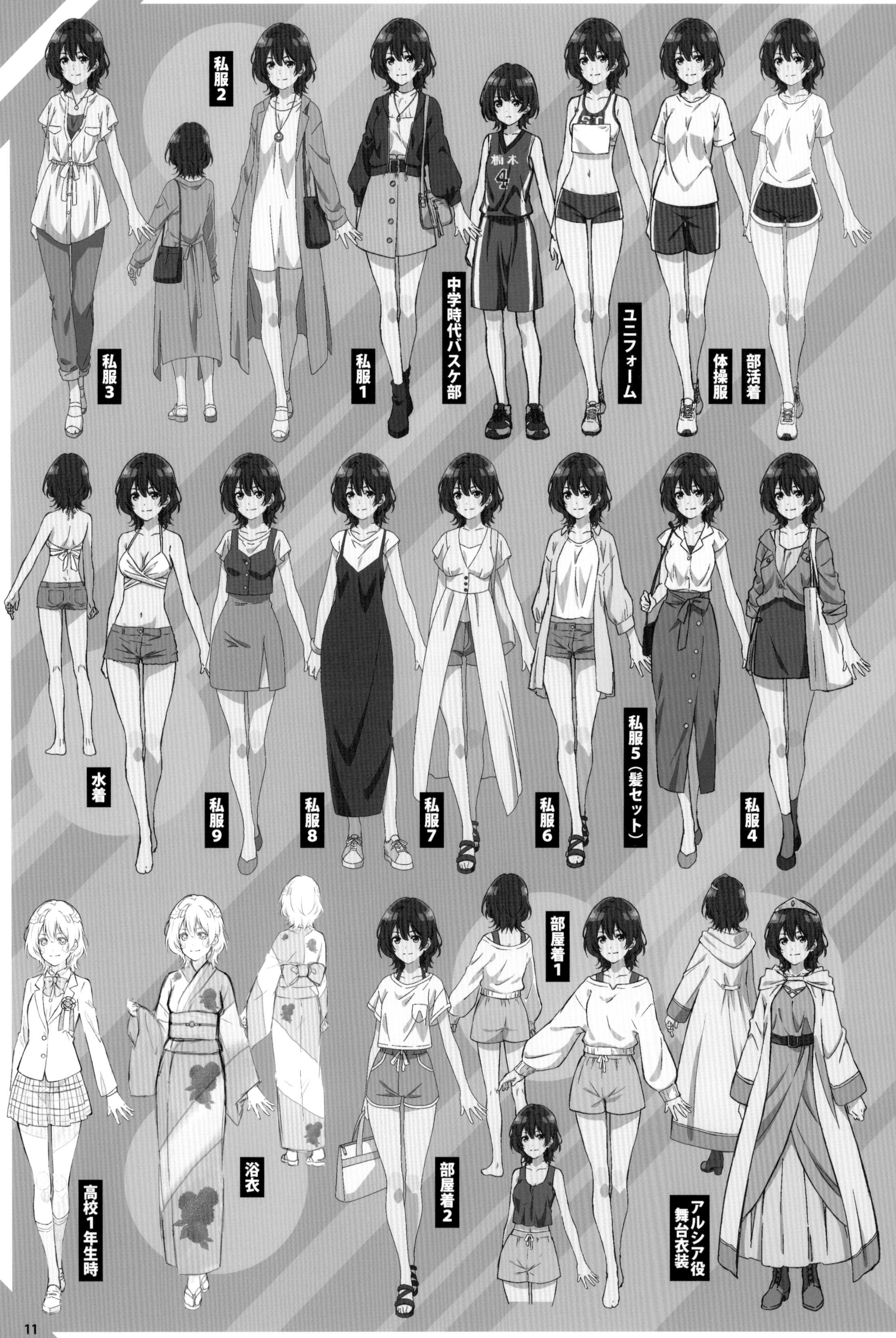
私服2
私服3
私服1
中学時代バスケ部
ユニフォーム
体操服
部活着
水着
私服9
私服8
私服7
私服6
私服5（髪セット）
私服4
部屋着1
高校1年生時
浴衣
部屋着2
アルシア役舞台衣装

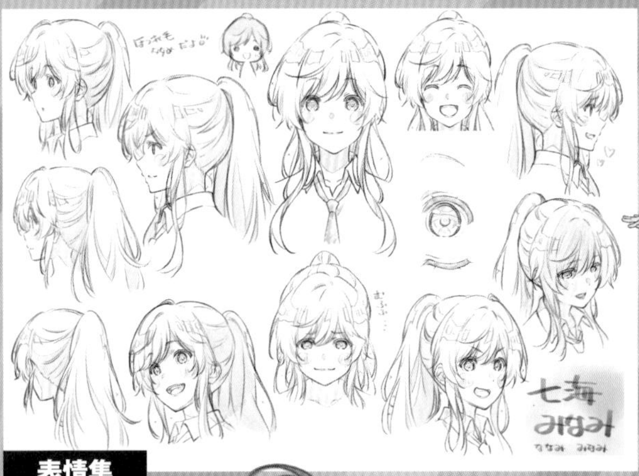

表情集

夏制服（髪下ろし）

制服

七海みなみ

ななみ みなみ　声／長谷川育美

▲ **服装CHECK**
背が高くてすらっとしたスタイルのみなみ。私服はカジュアルでスポーティーなイメージのものが多い。

誰とでも仲よくなれる明るく元気なムードメーカー

人当たりがよく男女問わず友達が多い。勉強でも運動でも日南に勝てずいつも2位であることを悩み、精神的に追いつめられていくが、花火の優しさに包まれて立ち直った。生徒会選挙をきっかけに友崎と急接近し、花火をイジメから助けるために奮闘してくれた彼に恋心を抱くも玉砕。友崎が風香への想いを貫けるよう背中を押した。

■ **ステータス** ■
ジョブ	陸上部員
趣味・特技	スポーツ、ハニワのストラップ集め
スキル	向上心

私服1　**部活着**　**ジャージ**　**中学時代私服**　**中学時代バスケ部**

文化祭漫才服　**水着**　**部屋着**　**私服4**　**私服3**　**私服2**

夏制服
制服

表情集

菊地
風香

小説家を目指すおとなしくて
もの静かな「図書室の妖精」

マイケル・アンディの作品が好きな小説家志望の女子。現実の人間関係を物語のように捉える作家の視点を持っている。アンディ作品をきっかけに友崎と縁ができて、図書室で交流を重ねるなかで距離を縮めていった。自分の気持ちを抑えようとして一度は友崎の想いを拒絶するが、彼の真摯な言葉に心を動かされ告白を受け入れた。

菊池風香

きくち ふうか　声／茅野愛衣

■ ステータス ■

ジョブ	作家のタマゴ
趣味・特技	読書
スキル	人間観察

浴衣
バイト着

文化祭の舞台の原作となった自作小説

風香の書いた小説「私の知らない飛び方」。登場人物のリブラには友崎が、クリスには風香自身がそれぞれ重ねられている。舞台では結ばれなかったリブラとクリスだが、その後の完成した小説では結ばれる結末となっていた。

ホールスタ

私服4
私服3
私服2
私服1

◀服装 CHECK

落ち着いた雰囲気の風香は、私服も清楚なものが多い。メイド服ふうのバイト服は、ギャップがある。

思ったことをすぐ口にする 何事にもまっすぐな女の子

夏林花火

なつばやし はなび

声／前川涼子

自分が正しいと思ったことは決して曲げない少女。率直な物言いが特徴。愛称は「たま」。みなみと仲がよく、彼女を「みんみ」と呼んでいる。みなみが苦しんでいたときは抱きしめて心を癒やす包容力も見せた。エリカに嫌がらせを受けるなかで大切な人を泣かせたくないと思い、変わることを決意してクラスのみんなと仲よくなった。

表情集

服装CHECK

バレー部の所属で、部活着にはひじ・ひざにサポーターがついている。私服は動きやすそうな服を好むようだ。

制服

私服
部活着
夏制服

花火が主人公を務めた文化祭の演劇

庭園に暮らす少女クリスを花火が、鍵屋の少年リブラを水沢が、王国の姫アルシアを日南が務めた演劇。飛龍をめぐって描かれるクリスを中心とした物語では、普段と異なる花火の表情や演技を見ることができた。

瀬野由紀
声／大空直美
八百屋の娘役
柏崎さくら
声／広瀬ゆうき
おばあさん役
橘
声／財満健太
兵士役
クリス役
舞台衣装

ステータス

ジョブ	バレー部員
趣味・特技	実家の洋菓子店の手伝い
スキル	強い意志

表情集

人の痛みがわかる心優しい女子。中村が好きで距離を縮めるため友崎から『アタファミ』を教わった。周りの顔色をうかがうタイプだったが、友崎とのやり取りを経て自分の意見が言えるようになった。2学期に入ってからはエリカと折り合いの悪い花火をサポートするなど、自分の意志で行動する積極性が見られた。

▼服装CHECK

コミュ力の高い優鈴は出かける機会が多いからか、私服はかなりおしゃれ。アクセサリーにもこだわりを感じる。

部屋着

夏制服

制服（上着なし）

制服

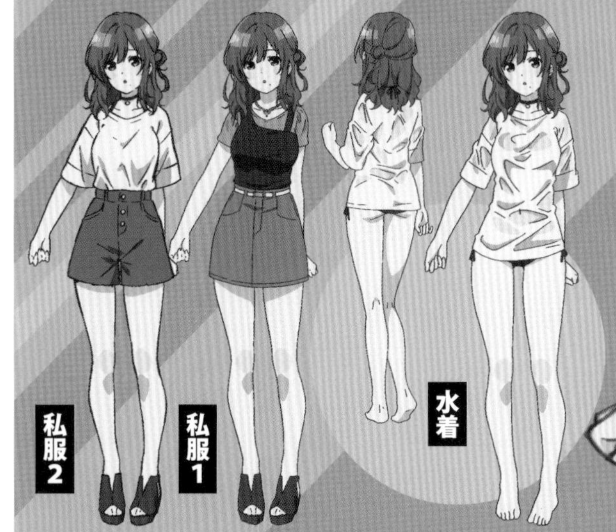

私服2

私服1

水着

私服5

私服4（試着服）

私服3

友達思いで優しい流行に敏感なイマドキギャル

泉優鈴

いずみ ゆず

声／稗田寧々

ステータス	
ジョブ	バドミントン部員
趣味・特技	流行を追いかける、裁縫
スキル	コミュ力

水沢孝弘

みずさわ たかひろ

声／島﨑信長

爽やかなイケメン。自分にはないものを持つ友崎に感じ入るところがあるのか、なにかと気にかけてくれる。つねにひょうひょうと生きてきたが、友崎に影響を受けて日南が好きという自分の想いに本気で向き合うことを決めた。

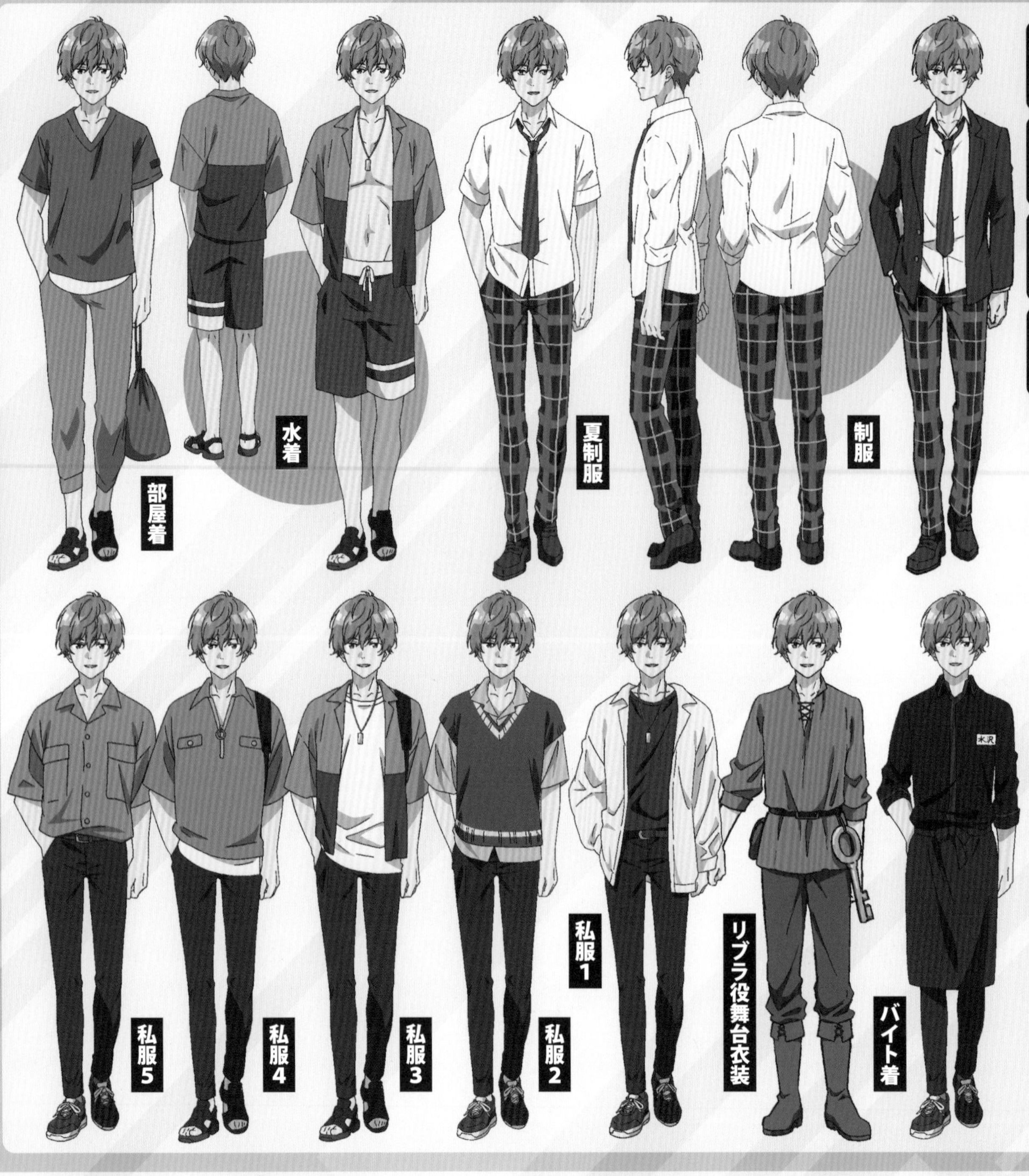

部屋着
水着
夏制服
制服
私服5
私服4
私服3
私服2
私服1
リブラ役舞台衣装
バイト着

中村修二

なかむら しゅうじ

声／岡本信彦

クラスカーストのトップに君臨する強キャラだが、『アタファミ』で友崎に勝つためゲームをやり込んでいる。一緒にバーベキューをしたり遊んだりするなかで友崎のことを友人として扱うようになっていった。

部屋着
王様役舞台衣装
夏制服
制服

私服2　私服1　制服

竹井
たけい　声／水野駿太郎

中村グループのひとり。明るいお調子者。素の状態でオーバーな言動をするため周囲の笑いを誘いやすい。根は優しく、エリカの嫌がらせから助けられなかったことを花火に謝り、彼女の状況を改善するため力を尽くした。

夏制服

部屋着

夏制服　制服

紺野エリカ
こんの えりか　声／金子彩花

友崎のクラスにおける女王的存在だが、友達想いの一面もある。片思いすることに苛立ち、花火に嫌がらせをするも、日南の策略と花火の努力が功を奏して大人しくなった。中村が優鈴と仲良くしている

女騎士役
舞台衣装

バイト着

制服

成田つぐみ
なりた つぐみ　声／藤田茜

水沢と友崎がアルバイトをしているカラオケ店で働く女子高生。友崎よりも年下だが職場では先輩にあたる。徳静高校の生徒であり、水沢と友崎が徳静高校に遊びに行くきっかけを作った。

私服1

私服2

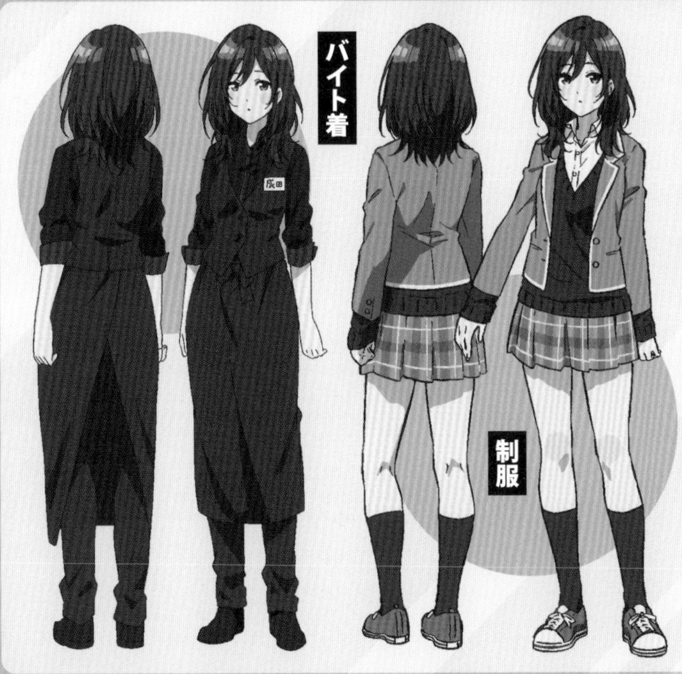

友崎のクラスメイト

そのほかのクラスメイト

平林《ひらばやし》美由紀《みゆき》
声／川井田夏海

秋山《あきやま》美佳《みか》
声／日岡なつみ

神前《かみまえ》真央《まお》
声／市ノ瀬加那

そのほかのクラスメイト

松本《まつもと》大地《だいち》
声／大塚剛央

橋口《はしぐち》恭也《きょうや》
声／竹田海渡

友崎の高校の教師たち

そのほかの教師たち

川村《かわむら》先生
声／内山夕実

柏崎《かしわざき》さくら
声／広瀬ゆうき

瀬野《せの》由紀《ゆき》
声／大空直美

橘《たちばな》
声／財満健太

徳静高校の生徒たち

マコ
声／那谷柊優
前橋《まえばし》
声／佐藤未奈子
サヤカ
声／和久野愛佳

バレー部の部活仲間

栞《しおり》先輩
声／久保ユリカ
そのほかの部員たち

ハンバーグ店店員

奈央
声／山本希望
店長
声／中村章吾
中川
声／橘龍丸

陸上部の部活仲間と顧問

そのほかの部員たち
顧問
山下由美子《やましたゆみこ》
声／橋本ちなみ

日南の中学時代の部活仲間

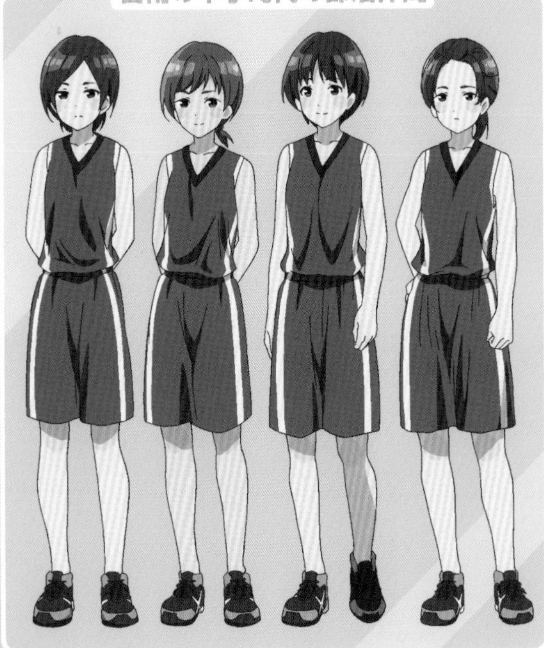

七海の中学時代の部活仲間

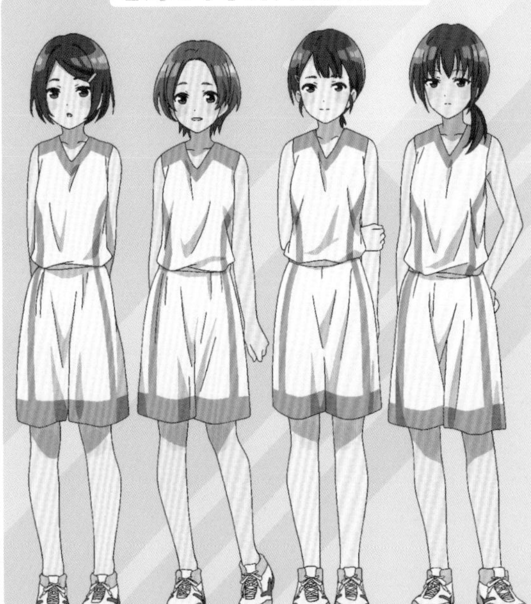

佳奈
声／桑原由気
七海の1年生のときのクラスメイト

『アタックファミリーズ（アタファミ）』とは!?

さまざまな技で攻撃し、相手にダメージを与えて画面外に吹き飛ばすことを狙っていく対戦型アクションゲーム、それがアタファミだ。ゲームのタイトルが由来で、基本となる横・上・下の 3 種類のアタック攻撃は横アタ、上アタ、下アタと呼ばれている。

パッケージとタイトル画面

パッケージとタイトル画面

STOCK4 というのは、画面外に 4 回吹き飛ばされると敗北になることを意味する。いかにダメージを受けず相手を攻撃するかが重要だ。

友崎&日南使用キャラ

忍者がモチーフのキャラクター。劇中のランキング画面で18位、16位、9位のプレイヤーも使っていたことから人気がうかがえる。

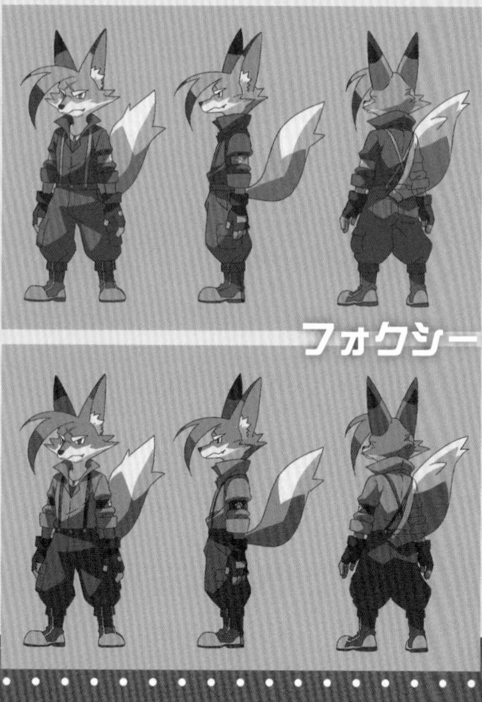

中村使用キャラ

ランキング画面でファウンドに並んで使用率が高かったキャラクター。中村と対戦した友崎いわく、落下の速さが弱点であるようだ。

アタファミ・ゲームデザイン／新海翔斗

第2章

ストーリー紹介 Season 1

第1期、全12話のストーリーを紹介。
各話の教訓を「攻略ポイント」、
スタッフのこだわりポイントを「ウラ技」として解説する。

Staff ▶シナリオ／志茂文彦　絵コンテ／柳 伸亮　演出／大河原晴男　総作画監督／矢野 茜　作画監督／小川エリ（project No.9)、北山景子、藤澤俊幸、林 あすか、高瀬さやか

Lv. 1

なんだかんだ言って 有名なゲームは大体おもしろい

リア充のクラスメイトたちを生まれつきの強キャラとたとえる友崎文也は、弱キャラに生まれた自らを蔑み、「人生はクソゲーだ」と考えていた。一方、対戦格闘ゲーム『アタファミ』ではランキング1位のプレイヤーでもある。努力によって成長できる『アタファミ』を神ゲーだと考え、日々ゲームに勤しんでいた。そんなある日、彼はランキング2位のNONAMEというプレイヤーから「お会いしませんか？」と声をかけられた。興味本位でNONAMEに会いに行ったのだが、そこにいたのはクラスメイトのリア充女子・日南葵だった。彼女にみすぼらしい格好を見られ、人生を負けたまま放棄している最低の人間だと指摘された友崎。リア充は生まれつきの素質だと考えていたが、努力によってリア充になれるものだと教えられ、人生を輝かせる努力をしようと誓うのだった。

人生はクソゲー？ 負けたのをゲームのせいにするなんて恥ずかしくないの？

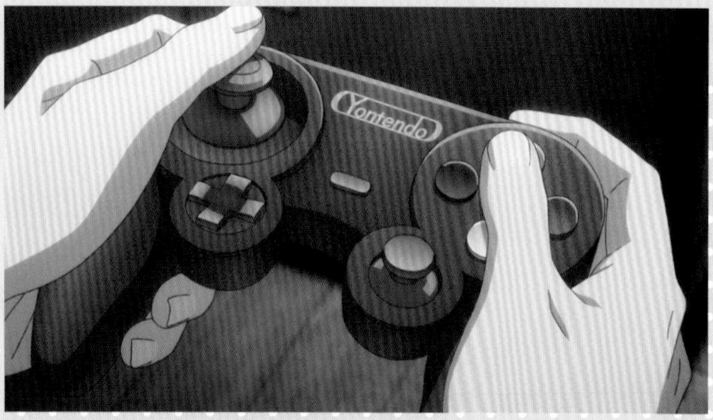

レートランキング
1 nanashi 2214
2 NONAME 2133
3 Azuma 2132
4 Zuck 2116

＋ 攻略ポイント ＋ ＋

人間の見た目で重要な要素は2つある

日南はリア充になるため、自分の容姿をよく見せる努力をしていた。そんな彼女が見出したテクニックは、表情と姿勢に気をつけること。つねに口角を上げて、背筋を正す。それだけで人間の第一印象は大きく変わるのだ。

ウラ技

「コンビニの前で日南の仮面が外れ『ここまで見られたら関係ないわ』と言うシーン。鏡面状の柱に日南の顔が映っていますが、これは現実と内面の日南の対比を意識しています。『アタファミ』の画面作りは制作が本格的に始まる半年ほど前から作画の新海翔斗さんと撮影の川田哲矢さんにお願いして仕込んでもらいました。第1期から第2期に物語が進む中で、実は『アタファミ』もバージョンアップしてキャラクターも3体増えています（笑）」（柳伸亮）

Lv.2

staff ▶シナリオ／志茂文彦　絵コンテ／石倉敬一　演出／川奈可奈　総作画監督／清丸 悟、佐藤麻里那、矢野 茜　作画監督／川口弘明、服部憲知、南 伸一郎、北山景子、4Tune

一回の戦闘でレベルが連続で上がるとめっちゃ気持ちいい

アタファミが好きで頑張ってやってて その結果、楽しさが ついてきてるだけ

日南から人生というゲームの攻略法を学ぶことになった友崎。最初に出された課題は「学校の女子３人に話しかける」というものだった。日南の指導に従い、さっそく隣の席のリア充女子・泉優鈴に話しかけることに。だが、会話がたどたどしくなってしまい、うまくいかない。次に話しかけたのは、日南と同じ陸上部の七海みなみ。彼女の社交性の高さによって会話は続いたが、夏林花火や中村修二たち男子陣が話しかけてきて空気がおかしくなってしまった。助けに入った日南のおかげで、その場は収まったものの……。しかし、帰り道でみなみと一緒になった友崎は、自分の『アタファミ』に注ぐ熱意を語り、彼女と楽しくおしゃべりをすることに成功した。その報告を聞いた日南は、友崎は自分の考えをそのまましゃべることが得意なのだと指摘。その長所を伸ばすため、新たな課題を与えた。

ウラ技 「家庭科室で友崎、みなみ、花火の３人が話しているときに、中村が来て花火の雰囲気が変わるところが注目ポイントです。花火が全身に力を入れて、警戒心をあらわにしています。中村との折り合いの悪さがわかりやすかったです」（柳伸亮）／「言われた通りに課題をこなしていくなかで、友崎が放課後にみなみたちと一緒に帰るようになって、いよいよ本格的にお話が動き出した感があるのもいいですね」（志茂文彦）

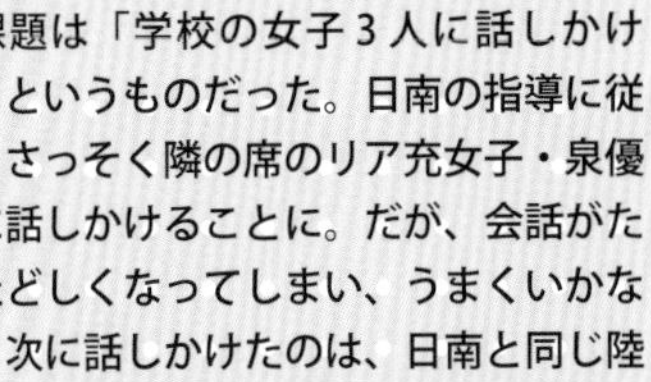

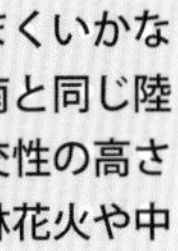

＋ 攻略ポイント ＋＋

集団ってそういうもの 誰かが犠牲になる

日南の分析では、花火は「場がこういう空気だから」という雰囲気に流されない子。みなみはその逆で、空気を読んで周りに合わせることが得意だという。集団生活では、みなみのようなタイプのほうがうまくいくことが多いかも。

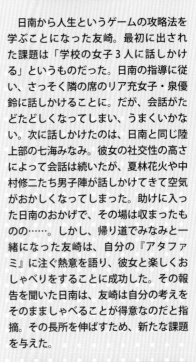

Lv.3

Staff ▶シナリオ／杉澤 悟　絵コンテ／ほしかわたかふみ　演出／岡村正弘　総作画監督／矢野 茜　総作画監督補佐／佐藤麻里那　作画監督／小川エリ（project No.9)、河原久美子、洪 範錫、林 可爲、Lee Hyeon Suk

一人目の仲間が女の子だとしばらくデート気分で冒険できる

日南から「キャラクターメイク」をするため、一緒に服を買いに行こうと誘われた友崎。ほとんどファッションに関心がなく、洋服店に入ってなにをしていいかわからず、挙動不審になってしまった。それでも日南の指導を受け、どうにか服を買うことに成功。2人はハンバーグ店でひと休みすることに。するとそこでは、クラスメイトの菊池風香がアルバイトをしていた。風香が自分より先に友崎へ声をかけたことを見ていた日南は、彼女が友崎を気にかけているのではと推測。「菊池風香こそ攻略ヒロインよ」と言い、彼女を攻略するためにほかの子の好感度を上げることを友崎に勧めた。そして日南の課題をこなそうと、女の子に話しかける友崎。すると風香から「自分の書いた小説を読んでほしい」、そして優鈴から「アタファミを教えてほしい」と頼まれるのだった……。

よかったら、読んで感想をいただけませんか……

ウラ技 「原作を読んだときにも思いましたが、マネキンの服を試着させてもらうっていうのは、現実でもすぐに生かせるいい情報でした。あとアンディの本に書かれているテキストは、原作にはないけど映像化にあたって必要な部分を屋久ユウキ先生に書き下ろしていただきました。図書室でアンディ作品について語る風香について、オタク特有の早口を意識してほしいと茅野愛衣さんにお願いし、演じていただきました」（柳伸亮）

＋ 攻略ポイント ＋ ＋

初心者のうちは上級者のマネをする

服選びに戸惑う友崎に日南が教えたのは、マネキンが着ているコーデをそのまま買うというテクニック。「初心者のうちは上級者のマネをする（のが上達の近道）」というゲームの鉄則を、実生活にも当てはめたのだ。

Lv.4

staff ▶シナリオ／志茂文彦　絵コンテ／島津裕行　演出／大河原晴男　総作画監督／矢野 茜　作画監督／清水勝祐、北山景子、Park Hye Ran、Lee Seok Yun、Kim Hyeon Jin、Yeon Ji Hye、Park Mi Hyeon

ダンジョン攻略後に村に帰ると強いボスがいたりする

**てめえで努力もしねえで
人の努力を笑う人間が
いっちばん、嫌いなんだよ！**

中村の好きなゲーム『アタファミ』を教えてほしいと、優鈴から頼まれた友崎。彼はゲームだからと言って気を緩めることはなく、ストップウォッチを使った小ジャンプの操作練習や、キャラクターの技の暗記などを本気で教えてあげることにした。「どうしてゲームにそこまで熱心になれるのか」と優鈴から質問された友崎は、「自分で定めた目標を達成するためだ」と答える。だが後日、優鈴と仲よくしている様子に腹を立てた中村に『アタファミ』勝負を仕掛けられてしまう。勝負は友崎の圧勝。ムキになった中村は何度も挑むが、まったく勝てない。するとそこに居合わせた紺野エリカは「ダサい」と嗤った。その言葉に怒った友崎は、「人の努力を笑うんじゃねえ！」と、エリカに向かって本音を叫んだ。

＋ 攻略ポイント ＋＋

友達と笑うことが人生のすべてじゃない

優鈴は中村と近づくため、つまりコミュニケーションのために『アタファミ』をうまくなろうとした。しかし、ゲームで強くなりすぎると友達から引かれてしまうという優鈴に、友崎は「人付き合いが人生のすべてではない」と語った。

ウラ技 「視聴覚室のシーンは、佐藤元さんの迫真の演技はもちろん、友崎が日南に一矢報いた場面である点にも注目です。あとはラストで日南が見せた『ふふ』って笑い、素敵な表情ですよね。原作の挿絵にあった描写は可能な限り取り入れています」（柳伸亮）／「第４話で友崎を好きになった方が多いのではないでしょうか。個人的には竹井もいい動きをしていると思います。出てくるだけで明るくなるからありがたいです」（志茂文彦）

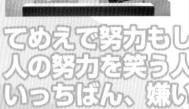

Staff ▶シナリオ／永井真吾　絵コンテ／高本宣弘　演出／神原敏昭　総作画監督／清丸 悟、佐藤麻里那　作画監督／STUDIO MASSKET、北山景子、奥野浩行、櫻井拓郎、河原久美子、清水勝祐、木下ゆうき、水野隆宏

Lv.5

難関イベント攻略後に仲間になるキャラはだいたい能力値高い

自分の提案が正しいと確信するなら それを通すため 間違ったルールを利用してやらないといけない

中村と『アタファミ』で対戦した後日、友崎はクラスメイトの水沢から声をかけられた。エリカに臆せず自分の気持ちを叫んだことに感銘を受け、友崎に好感をもったのだという。そして「日南ともうひとりくらい誘って飯でも食べに行こう」と言われた友崎は、中村の誕生日プレゼントを一緒に買うという口実で優鈴を誘った。かくして４人は中村のプレゼントを買いに行くことに。そんな中、友崎は日南から、この買い物中に、「自分の提案を２回以上通す」という課題を与えられた。がんばって課題をこなそうとするが、終始水沢にリードされ、ほとんど提案ができない。しかも彼と日南がいい感じの雰囲気なのを見て、両思いなのではと気になってしまい、課題は失敗に終わってしまった。後日、日南はそんな友崎を叱責するのだった。

ウラ技「この回から『水沢って意外といいやつなのでは？』という印象になっていったと思います。エスカレーターで変化を自覚して心情が変わる友崎の描写は、第１期のなかでも重要な場面のひとつです。あとは友崎の妹が兄をフォローしているのもいいですね。普段つんけんしているものの、本当は兄を気にかけているのがわかります」（柳伸亮）／「妹も魅力的なキャラクターなのにほとんどアニメのストーリーに絡ませられなかったのは申し訳なかったです」（志茂文彦）

＋ 攻略ポイント ＋ ＋

集団行動はつねに全員を巻き込む選択が必要になる

集団の空気を操作することは、リア充に近づく大事な要素だと日南はいう。自分の出す提案は正しいことが大事ではなく、通りやすい提案をして相手を納得させれば勝ち。それが意見を通すためのテクニックなのだ。

Lv.6

staff ▶シナリオ／永井真吾　絵コンテ／佐藤篤志　演出／藤原和々　総作画監督／矢野 茜　総作画監督補佐／清丸 悟、佐藤麻里那　作画監督／新海翔斗（project No.9）、小川エリ（project No.9）、水野隆宏、奥野浩行、北山景子、洪 範錫、4Tune

ゲーム内ゲームをやり出すとマジで止まらない

生徒会選挙に日南とみなみが立候補。会話で一番手本になるのはみなみだから、彼女の推薦人になるよう課題を与えられた友崎は、慣れない役回りでの奮闘を覚悟。一方、日南は水沢を推薦人にして、完璧なコミュニケーションで生徒たちの心を掴もうとしていた。そんな中、みなみは、同じ部活の山下由美子に推薦人を頼んでいるからと友崎の推薦人を断った。だが、読みやすい文章のレイアウトを教えたことで、「ブレーン」と呼び、頼られるようになっていった。みなみは勉強でも部活でも日南に勝てない日々が続いたため、今回の選挙は何としてでも勝ちたいと意欲を燃やしていたのだ。その想いを聞いた友崎は彼女を応援し、生徒たちの支持を得やすくするための選挙戦術を教えるなど、全力で大ボス＝日南の撃破を誓うのだった。

「私、ブレーンがいるんだよね」言いたい！　言いたすぎる！

＋ 攻略ポイント ＋ ＋

相手が超大ボスであるほど燃える

日南は非の打ちどころがない完璧な人物だ。だが、友崎は相手が強ければ強いほど燃える生粋のゲーマーである。絶対的な強さで君臨する日南に対抗するには、nanashi のように搦め手を交える選択肢も重要だ。

ウラ技「ここからみなみが前面に出てきます。みなみと花火の絡みがより積極的になっていくのが見どころです」（志茂文彦）／「みなみの『ブレーン』呼びもここからですね。いちばんの注目点は彼女の『一番になれない』っていう悩みとハニワ人形の存在かな。現実で起きる nanashi 対 NONAME の戦いについても、日南が内心では楽しみにしているのではという点も含めて注目です。あと花火がバレー部であることを説明する回でもありました」（柳伸亮）

Staff ▶シナリオ／永井真吾　絵コンテ／誌村宏明　演出／山口 勇　総作画監督／清丸 悟、佐藤麻里那　作画監督／佐々木勅嘉、奈良岡光、木下由美子、松本勝次、櫻井拓郎、NAMUAnimation、Kim Yongbeom、日影工房

Lv.7

師匠キャラがボスになると詰むくらい強かったりする

友崎は「将来教室にクーラーを取り付ける」という公約を立て、下級生を味方に引き入れる戦略でみなみをサポートしようとした。ところが、先に演説をした日南がクーラー導入を公約に入れたことで、作戦を潰されてしまった。友崎がどんな考えに至るのかを読んで、先手を打ち、その策を潰したのだ。そこで友崎は、みなみの演説のときにスマホのナビ機能をあえて鳴らすというハプニングを起こし、彼女がアドリブで対応する姿を生徒たちに見せて「頼もしい生徒会長候補」と思わせる奇策を実行。なんとかうまく対応し、生徒たちの笑いを取っていたみなみだったが、投票の結果は日南の圧勝だった。選挙のあと、彼女は悔しさを見せながらも、友崎の前や部活で以前と変わらず明るく振る舞った。かつてみなみに救われたという親友の花火は、そんな彼女を心配そうに見つめていた。

みんみはね。私に全部バレてるのに何もしてないふりをして、いつも私を助けるの

＋ 攻略ポイント ＋ ＋

奇策に対抗する手段は正攻法

日南は友崎がなにか変わった公約を立てて、対抗してくることに気づいていた。そこで彼女がしたことは、票集めに効率がよさそうな公約を総当たりで考えること。圧倒的な努力による正攻法は、友崎の奇策を上回った。

ウラ技

「選挙でお互いの秘策や目論見がぶつかり合うかと思いきや、日南の強烈な先制。これに友崎たちがどう立ち向かうかが見どころでした。こういう戦いは先攻側が負けるイメージがあるので、斬新でした。演説が終わったあと、みなみが『生徒会長になれなかったけど』みたいな話をするところも重要です。部活で走るみなみと日南の夕陽の当たり方の違いも含めて注目していただきたいです。友崎が風香を映画に誘う場面も見どころでした」（柳伸亮）

Lv.8

staff ▶シナリオ／永井真吾　絵コンテ／石倉敬一　演出／ナンバーナイン　総作画監督／矢野 茜作画監督／新海翔斗 (project No.9)、小川エリ (project No.9)、Park Hye Ran、洪 範錫、清水勝祐、水野隆宏

低レベルのキャラだけじゃ解決できない問題もある

**私のヒーローなのは
みんみだけなんだよ。
それでも一番になりたいって
いうんだったら、私のなかで
みんみは世界一のバカ！**

生徒会選挙のあと、みなみは以前よりも日南を意識し、勉強や部活を頑張っていた。だが無理をしすぎているせいで、明らかに疲労が溜まっている。日南はみなみを心配するも、自分から声をかけては逆効果だろうと思い悩む。友崎も「葵に勝ちたい」というみなみの気持ちを理解しながらも、自分になにもできないと手をこまねいていた。そんな折、彼女の心が限界を迎え、ついに退部届を出してしまった。これ以上劣等感を募らせることで、大切な友達である日南を嫌いになりたくないと思ったのだ。そんな彼女の想いを知った花火は、「無理して一番にならなくていい」と言葉をかけて抱きしめた。そうして花火に励まされたみなみは、部員たちに謝って陸上部に復帰。迷惑をかけたというお詫びのしるしとして、みんなに友情の証であるハニワのストラップを配った。

ウラ技「みなみの暗い表情が増えていき、彼女が持っている悩みの核心に入っていくエピソードです。この回も日南を光、みなみを陰として見せることを意識しています。挫折するみなみの姿が痛々しいからこそ、花火の包容力が際立ちます。ちなみに髪を下ろしたみなみはこのエピソードでしか登場しません」（柳伸亮）／「友崎と風香のやり取りも見どころのひとつ。ただ本を読んでいるだけなのに、なんだかデートみたいな雰囲気になっています」（志茂文彦）

＋ 攻略ポイント ＋＋

一番になることだけがすべてじゃない

中学時代から「一番」に執着してきた日南。みなみも彼女から刺激を受け、ひとつでも一番になって特別な自分になりたいと思っていた。みなみは一番にはなれなかったが、花火にとって特別な友達だったことを知った。

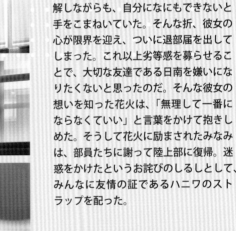

Staff ▶シナリオ／山田由香　絵コンテ／いわたかずや　演出／ project No.9、まつもとよしひさ　総作画監督／清丸 悟、佐藤麻里那　総作画監督補佐／ Hue Hey Jung　作画監督／小川エリ（project No.9)、洪 範錫、木下ゆうき、櫻井拓郎、奥野浩行

Lv. 9

仲間を揃えて最初の街に戻ると新しいイベントが起きたりする

また今日みたいに一緒にどこかに出かけたり、したい……です

夏休みが始まり、「菊池さんと付き合うこと」という課題に取り組むことになった友崎は、アンディ作品の映画を観に行こうと風香を誘った。すぐに「行きたい」と返ってきて、2人はデートをすることに。日南は友崎をデートの予行演習として買い物に誘い、自分のリュックを友崎にプレゼント。そのお返しに、友崎は日南が気に入った缶バッジをプレゼントした。そして予行演習の途中、優鈴と中村をくっつけるための夏合宿に誘われた友崎。後日、自宅で水沢やみなみも交え夏合宿の作戦会議を行ない、家族から驚かれたのだった。そんなこんながありつつも、いよいよ迎えた、風香との映画館デートの日。友崎は事前に話題を決めて場の流れを作る会話スキルを発揮しようとするが、「しゃべりづらい」と言われてしまった。だが、なんとか風香と花火大会へ行く約束を取り付けることはできた。

＋ 攻略ポイント ＋ ＋

対等以上の立場になるには適度にいじる

リア充になるためには、同性との交流も大事だと日南は言う。だが周りに話をあわせているだけでは、仲間に入れてもらっているだけの存在になる。対等以上の立場になるためには、相手を適度にいじることが大事なのだ。

ウラ技 「このエピソードは友崎の使い古したコントローラーを見て日南が NONAME の顔になるところがお気に入りです。あと意外と風香から友崎を誘うことが多いというのは、この回のお話でわかりました」（志茂文彦）
「コントローラーのシーンは、努力の鬼である日南だからこそ友崎の苦労が理解できる、というのをわかりやすく描こうと心掛けました。あと『ボトムス』のイントネーションが日南と友崎で違うのは制作陣の遊び心です（笑）」（柳伸亮）

Lv. 10

staff ▶シナリオ／山田由香　絵コンテ／島津裕行　演出／加藤 顕　総作画監督／矢野 茜　作画監督／新海翔斗（project No.9）、渡辺 奏、櫻井拓郎、河原久美子、Jang Young-Sun

多人数プレイには多人数プレイなりのよさがある

日南、みなみ、優鈴、中村、水沢、竹井、友崎の７人で１泊２日の夏合宿に出発。みんなが優鈴と中村のくっつけ作戦を実行するなか、友崎は「中村を３回いじる」という日南の課題をクリアすることに。さらに「しゃべりづらい」会話の克服を目指していた。キャンプ場に到着した一行は、バーベキューや川遊び、トランプを楽しんだ。そこで友崎は、水沢が他校の女子に声をかけて「付き合おうと思えば付き合える状態」だと聞いた。その感覚を理解できず疑問を投げかけると、水沢は「建前で言ってるんじゃないんだもんな」と、友崎の率直さに感心した。一方、中村を３回いじるという課題は、男同士の会話、トランプ中、そして最後はお風呂で「中村の、ちっちゃ！」と発言したことで無事にクリア。その後は日南と肝試しをまわるのだった。

**こういうのあんま詳しくないけど
好きじゃないなら
付き合わないものなんじゃ？**

ウラ技 「僕が西武池袋線の沿線に住んでいることもあり、せっかくだから特急ラビューを出したいと思ったのですが、軽い気持ちで提案したら許可を取るのがとても大変でした。ロケに同行できなかった点も含めて申し訳なかったです。あと、日南の『猫をかぶるのが疲れる』という言葉は本音が出た貴重なエピソードでした」（柳伸亮）／「個人的には課題のために中村を積極的にいじりにいく友崎がおもしろかったです」（志茂文彦）

＋ 攻略ポイント ＋＋

怖いときも堂々と振る舞うべき

日南は肝試しのなかで、「怯える女の子と一緒に歩く特訓」を友崎に課した。怖い状況で堂々と構えていることもリア充男子には必要だというのだ。戸惑いながらも、恐ることなく友崎は堂々と振る舞おうと試みた。

Staff ▶シナリオ／山田由香　絵コンテ／高本宣弘　演出／藤原和々　総作画監督／佐藤麻里那
作画監督／小川エリ（project No.9）、HANJIN　ANIMATION、水野隆宏

Lv. 11

たった一つの選択肢がすべてを変えてしまうこともある

コントローラーを握ることをやめたのならそこでプレイは終わりになる。それだけよ

友崎は深夜、日南に呼び出されて「中村を３回いじる」という課題を達成したと報告。するとそこに水沢が現れた。とっさに隠れた友崎は、水沢が日南に告白し、振られる場面を目撃してしまうことに。不器用ながらも何事にも全力で向き合う友崎に感化され、もっと自分の本音を出そうと決意したのだ。夏合宿の帰り、友崎は人生をプレイヤー目線で見るかキャラクター目線で見るか、そこが水沢と日南の差だったのだろうと考えた。そして後日、風香と花火大会へ出かけた友崎は、あえて話題を事前に考えず、その場で考えたことを素直に口に出すようにした。すると今度は「しゃべりやすい」と言われ、仮面をつけることは本質的に人を遠ざけてしまうのではないかと考えるようになった。だがそれを日南に伝えたことがきっかけで、２人の想いはすれ違ってしまい……。

ウラ技「立ち聞きしていたことを水沢に自己申告して、水沢とのフラグを回収していく友崎。すごくいいヤツだなと思いました。日南と友崎の急接近の場面は原作の挿絵を参考にレイアウトを作っています。風香との花火デートは、素を出した友崎と彼のことを見抜いていた風香の掛け合いが印象に残っています。デートのあと初めて友崎が日南に歯向かう場面と、日南が花火柄の缶バッジを返したところは重要な伏線になっています」（柳伸亮）

＋ 攻略ポイント ＋ ＋

自分が本当にしたいことをするのが大切

水沢は心のどこかで、みんなが期待するキャラクターを演じていた。だが、それでは人生を本当に楽しむことはできない。自分のしたいことと真摯に向き合い、本気で日南に告白したことで、ひとつ成長することができた。

Lv.12

staff ▶シナリオ／志茂文彦　絵コンテ／石倉敬一　演出／ナンバーナイン　総作画監督／矢野 茜、佐藤麻里那、紙葉 礼　作画監督／新海翔斗（project No.9）、清水勝祐、水野隆宏、大木賢一、北山景子、STUDIO MASSKET、劉 雲留、胡 峰成、RadPlus

ヒロインにしか装備できないアイテムには特別な効果がある

課題をこなすためだけに風香に告白することに違和感を覚えた友崎。その話を日南に伝えたところ、２人の関係性が決裂する。再び、引き籠もってゲームをするようになったのだが、そんななか風香から誘いが来ていることに気づき、一緒に出かけていく。そして、以前しゃべりづらいと言われたときは、本音ではなく「とある人」に教えられたスキルで会話をしようとしていたことを正直に話した。風香は自分の本音を大切にする友崎を尊重しながらも、世界の見方を変えた「とある人」を尊重すべきだと意見を述べた。その言葉で奮起した友崎は、もう一度日南と向き合い、「本当にやりたいこと」を突き詰めることがリア充への一歩になるという自分の考えを告げた。その言葉に説得された日南は友崎と和解し、再びリア充になるための課題を出すのだった。

自分の本音を見つけようともがいて本気で進んでいくことで初めてそいつの本当にやりたいことがわかるんだ

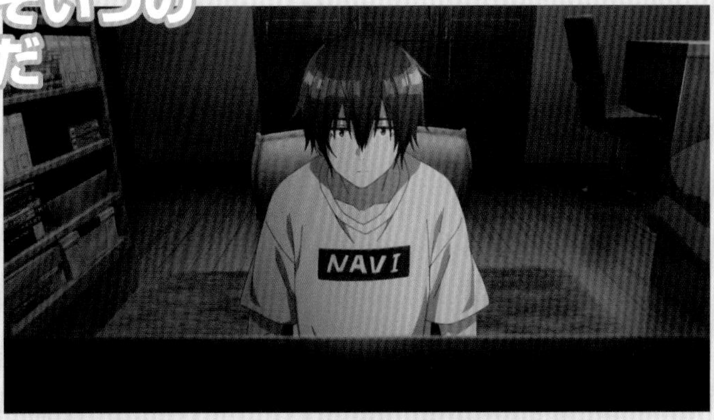

＋ 攻略ポイント ＋ ＋

自分を偽らず相手にぶつかる

「本当にやりたいことをやる」。その大事さがわからない日南に向けて、『アタファミ』は自分のやりたいことだった、だから日本一になれたんだと話した友崎。好きだから極められる。それは一番説得力のある言葉だった。

ウラ技「お兄ちゃんに喝を入れる友崎の妹は、相当なツンデレだと思います。そして彼のことを理解している風香からの大切な助言を受けて、友崎は日南と対峙する。その後の日南の冷たい態度にもめげず食い下がる姿は、一瞬とは言え友崎が師匠を超えた瞬間だったと思います。第１話と立ち位置が変わって友崎が鏡を使う点や、『アタファミ』のキャラに合わせた拳をぶつけあう演出にも注目していただきたいです」（柳伸亮）

エンディング後のヒロインの衣装は普段とちょっと違ったりする

Blu-ray＆DVD vol.3 特典OVA❶

Staff ▶シナリオ／屋久ユウキ　絵コンテ／石倉敬一　演出／佐土原武之　総作画監督／清丸 悟、佐藤麻里那　作画監督／櫻井拓郎、木下ゆうき、奥野浩行、河原久美子、洪 範錫、北山景子

風香のアルバイト先のハンバーグ店にやってきた友崎、日南、優鈴、水沢、竹井。顔を合わせるのが恥ずかしい風香は同僚に接客を代わってもらうが、友崎たちの交わす恋愛トークが気になってしまう。楽しげに話す5人を見て、自分とは違う世界が存在するように感じる風香。だがアルバイト後に友崎からもらったメッセージで自分と彼が同じ世界にいることを実感し、うれしさを感じるのだった。

『弱キャラ友崎くん』Blu-ray & DVD 収録エピソード

変な呪文の名前にはだいたい知られざる由来がある

Blu-ray＆DVD vol.4 特典OVA❷

Staff ▶シナリオ／屋久ユウキ　絵コンテ／石倉敬一　演出／ナンバーナイン　総作画監督／清丸 悟、佐藤麻里那　作画監督／ projectNo.9、新海翔斗、小川エリ、清水勝祐、水野隆宏、木下ゆうき、北山景子、Rad plus

日南、みなみ、花火の3人は自分たちが仲よくなった1年前の出来事を思い返していた。クラスの輪に入ることができない花火と仲よくなるため、みなみが日南に相談したこと。みなみの積極的なアプローチにより、花火がみなみたちのグループの輪に入ることができたこと。3人で季節外れの花火大会に行き、そこで初めて「たま」というあだ名がついたこと。それらの思い出を振り返りながら3人は楽しげに笑い合う。

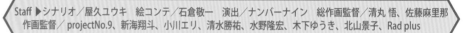

第3章 出演キャストインタビュー

友崎と５人のヒロインたちを演じたキャストたちに
インタビューを実施。アニメの思い出や、
キャストそれぞれが「神ゲー」と思うものを聞いた。

自分の過去を重ねて役柄の魅力を引き出す

——佐藤さんは本作が初主演でしたが、まずは作品に対する印象を教えてください。

佐藤　原作の第1巻を読んだ時点で、自分の歩んできた人生や努力に対する姿勢が友崎にすごく近いと感じたんです。「屋久ユウキ先生、僕の人生を見ていましたか？」と言いたくなるくらい、シンパシーを感じる作品でした（笑）。オーディションのときからすごく楽しくて、友崎役に選んでいただいたときは本当にうれしかったです。

——佐藤さんの学生時代の過ごし方が、友崎と共通する点が多かったのでしょうか？

佐藤　作中の言葉をお借りするのであれば、僕は自分が弱キャラであることは自覚していて、中学時代は世界や人間に対する不信感が強かったんです。そんな日々のなかでアニメやゲームに救われて、声優になるという夢を持って、その夢のために何をすればいいかを逆算して、一歩踏み出す勇気を出すことができたのが高校時代でした。そこから少しずつ人と触れ合うことができるようになっていったので、日南の気持ちもわかるし、友崎の気持ちもわかるんですよ。

——人生をゲーム的に捉えるところにも共感はありましたか？

佐藤　まさに人生はゲームのようだと感じています。RPGでたとえるなら、勇者って武闘家みたいに物理攻撃に特化していないし、魔法使いみたいに魔法に特化しているわけでもない。だけどほかの人が持っていない勇気を持っていて、やろうと思えばなんでもできる。何者でもないからこそ何にでもなれる。これって人生も同じことが言えると思うんですよ。格闘ゲームでたとえるなら、相手に勝つために性格や戦い方を分析する必要がありますし、基礎を徹底して無難に戦うもよし、どこかで大技を出して博打を仕掛けるもよし。どんなゲームも考え方次第で無限大に人生に置き換えることができると思うので、人生をゲームにたとえるのはとても納得できました。

——友崎文也の印象についても教えてください。

佐藤　これまで演じさせていただいたどの作品のキャラクターも同じように愛していますが、共感性という部分で自分に一番近いのは友崎です。彼は努力をするし、人の言うことを素直に聞き入れるし、みんなが当たり前だと思っていることを疑うことができる。そしてものすごく成長率が高い。ひとつのことにのめり込みすぎて、生きることに不器用な面もあるけど、だからこそ突き詰めていくことができるんです。その不器用ながら突き詰めるところは、とくに自分とそっくりだと感じました。

——友崎を演じるときに意識したことを教えてください。

佐藤　僕は自分に近いキャラクターを演じるときほど、共感からくる感情があふれてしまって、キャラクターの感情ではなく自分の感情を乗せてしまいそうになるタイプでして。そこは自分なりに気をつけたい点ではあるんですけど、第1期の友崎に関しては自分の感情をそのまま乗せたほうがうまくいくと思い、気持ちのままに演じました。第1期第4話の「人の努力を笑う人間がいっちばん嫌いなんだよ」という叫びは自分の心から出た本音です。納得のいく最高の演技をするために何度も挑戦させていただいたので、音響監督の本山（哲）さんを始めとしたスタッフの方たちには感謝しかないです。ほかの話数で友崎が感情を見せる場面に関しても、役柄にのめり込んでいましたが、その演技をあたたかく受け入れていただけました。あぁ、自分は間違っていなかったんだと感じてうれしかったです。

——第1期第4話は裏声になっても構わず叫ぶ友崎の姿が印象に残りました。

佐藤　あのときはあえてテストの段階で200％の声量を出して喉をつぶして、思考も酸素も足りない状態にしてから本番に臨んだんです。もしこれで

この作品は自分の人生そのもので友崎文也は一番共感した主人公です

友崎文也役　佐藤元

【さとう・げん】
3月22日生まれ。アイムエンタープライズ所属。ほかの出演作は『結婚指輪物語』サトウ役、『六道の悪女たち』六道桃助役など。

あなたにとっての「神ゲー」は？

「作中のセリフそのままですけど、人生です。僕はゲームが大好きなんですけど、とくに何度も苦しみながら試行錯誤した末に目標を達成したときの喜びが大好きなんです。それって人生においても同じことなので、やっぱり僕にとっては人生が神ゲーということになりますかね。そこまで自分の歩んできた人生に自身を持っているわけではありませんが、人生のなかで達成感を味わったときに『神ゲーだ！』と思ったことは何度もあるので、いつか自信を持って言い切ることができるように歩んでいきたいです」

喉を痛めて声優ができなくなったならそこまでの人間だったと思おう、という覚悟。それくらいの気持ちで挑まなければ友崎の想いは伝わらないと思いました。わざと喉をつぶしたおかげで、友崎が普段大声を出し慣れていない感じも出せたので、一番いい演じ方ができたと思います。

——第2期に入ってから、演じるうえでの意識の変化はあったのですか？

佐藤　第2期に入ってからは、ほかの人の力になることが増えてくるし、第1期で一気にレベルアップしたぶん、レベルが上がりにくくなっている。それらを加味すると第1期と同じように演じてはいけないと思ったので、「僕はこう思うけど、友崎はそう思うんだよな」と、気持ちがリンクする部分とリンクしない部分を見極めて、いかに友崎の気持ちを引き出していくかに集中しました。声優としての技術が試されることも多く、難しかったですが、おかげで役者としてたくさんの経験値を得られたので非常にやりごたえがありましたね。

——第2期で友崎が恋人に選んだのは風香でした。この展開については、どのように思いましたか？

佐藤　僕はまったく違和感がなかったです。仮にみみと付き合ったとしても楽しく付き合うでしょうし、お互いを尊重し合うでしょうし、補いあえると思うんですけど、根っこの部分で友崎と同じなのは菊池さん。友崎が自分の根幹に関わる部分を打ち明けることができるのは彼女なんです。そんな菊池さんだからこそ友崎は好きになったし、一度は拒絶されても想いを届けることができた。第1期終盤で友崎が宣言した「俺は俺のやりたいことを一番大事にする」という言葉の通り、好きな人に全力で感情をぶつけたのが第2期最終話だったのかなって思います。

掛け合いのなかで演技の質を高め合う

——ここからは各ヒロインの印象について聞かせてください。まずは日南からお願いします。

佐藤　どこかひとつでも崩れたらすべてが崩れるからこそ、決して崩れないよう在り続けている努力の化身。努力をしないことは悪いことだと言い切ってしまえるほどの強さは、ときに人を傷つけることにも繋がるんですけど、そのくらい強く在り続けなければ立っていられないんだと思います。そんな孤高なところが美しく感じますね。自分もひたすら努力してきたので、考え方としては日南の思考が近いです。

——どうして日南はそこまで強くいられると思いますか。

佐藤　わからないですが、そのわからなさが彼女の妖艶な魅力に繋がっていると感じます。何よりすごいのはそんな日南を完璧に演じきるひーさん（金元寿子）の演技力ですよね。第2期で友崎と意見をぶつけるなかでほんの少し漏れ始めた、何かとてつもないものを抱えている雰囲気。絶妙なさじ加減で演出されているそのミステリアスな部分も日南の魅力だと思います。

——友崎と日南の関係性についてどのように捉えていますか。

佐藤　友崎にとっては自分の人生をカラフルにしてくれた存在。たぶん恋愛感情ではなくて、もっと別の形容できない強い想いだけど、友崎本人もわかっていない気がします。それと、これはネタバレになるので詳しくは言えないのですが、原作の最新刊を読むと日南の抱える問題を解決する手段はひとつだと感じますし、そのために友崎ができることも想像はつきます。でもそれはお互いにとってものすごく覚悟のいることだろうなとも思うので、今後どうなるか目が離せないですね。

——続いて、みなみの印象についてはいかがですか。

佐藤　ものすごく健気で、誰よりも人間らしい部分が描かれている。一番になりたいっていう気持ちをはっきり出すところも、嫉妬やあの人がいなければという気持ちを隠すところも、すごくリアリティがありますよね。いろんな人が共感しやすい女の子だと思います。フレンドリーに接してくれるし、外面じゃなく内面を見てくれるけど、その裏側には寂しがり屋な一面を抱えている。二面性ではなく、それらすべてを含めて七海みなみというキャラクター。いろんな感情を抱えた女の子を演じきるはせみー（長谷川育美さん）のお芝居がものすごい。

——長谷川さんの演技で印象に残ったところも聞かせてください。

佐藤　第1期のときからそうですが、覚悟の入り方が尋常ではなかったんです。第2期最終話のアフレコ時にはせみーが泣き崩れて場が重たい空気になったんですけど、それほど感情を入れてみみを演じてくれたからこそ、負けられないと感じて全力の演技をやりきることができました。本気のお芝居をぶつけあえたことに感謝しかないです。

——では、風香についての印象はいかがですか？

佐藤　友崎が表のストーリーテラーなら、菊池さんは影のストーリーテラー。クラスのなかで誰が勝ち役で誰が負け役なのか、憎まれ役は誰になるのか、友崎が主人公だとしたら誰がヒロインになるのか。そういった周囲の人の立ち位置を俯瞰して見ることで、物語として理想的な展開を思い描く。その理想を正しいと考えるあまり、自分の本心を隠してしまう。強キャラでも弱キャラでもないおもしろい立ち位置にいる子ですよね

——友崎との共通点はどんなところだと思いますか。

佐藤　ひとつの物事に対する熱量のすさまじさと、高みを目指したいという気持ちだと思います。何かを極める理由って人によって違って、地位や名誉、金銭などさまざまですけど、2人はそういったものは求めていなくて、根幹にあるのは高みにたどり着きたいという純粋な想い。そんな想いを抱えた者同士が恋愛相手って、とてもうれしいことですよね。

——次は花火の印象についてお話をお願いします。

佐藤　芯が強くて母性も強い。人を受け入れる強さを持っている女の子。変わりたいと思った理由も周りの大事な人が泣くところを見たくないから。動機が他人であるところがとてつもなくすごい。生き方が不器用という点や、自分の本心に従っているという点で友崎と似ていますが、たまの場合は他人のために強くなれるという点で友崎よりもレベルが上だと思います。耐えた末に変わろうとするところも、人形を切り裂かれてポロッとこぼしてしまう弱音も、涼子ちゃん（前川涼子さん）の演技が魅力を引き出していました。

——そして、優鈴に関する印象はいかがですか。

佐藤　ひとりで過ごすのもいいかもしれないけど、それは寂しいし、ひとりがいいわけじゃない。そんな自分の矛盾した気持ちをきちんと自覚しているところがすごい。作中で一番優しい人で、優しさにリアリティがある。第2期で吹っ切れた強さが出てくるけど、それでも悩み続けるところがすごく現実的。リアルの世界で見られる心の強さを引き出す絶妙な雰囲気は、寧々ちゃん（稗田寧々さん）の演技力あってのものだな、と思いました。

——第1期でとくに印象に残っているシーンは？

佐藤　第1期は最終話の、過去の自分に戻ろうとしたけど戻りきれなかった友崎が描かれた場面です。自分の変化を自覚したときの高揚感は僕も経験がありますし、その高揚感は忘れられるものではない、という点にとても共感しました。また、絶対に何があっても前に進むと決めた友崎の姿に自分の姿が重なって、あらためて役者としてがんばりたいと思いましたし、いろんな方からもらったものを返したいとも思えたので、とくに印象に残っています。

——第2期はいかがでしょうか。

佐藤　友崎だけでなく、日南、みみ、たま、優鈴、修二、水沢、竹井、みんなのいいところが見られたので、悩ましいですが、ひとつだけ挙げるなら最終話の友崎と菊池さんとのやり取りです。僕自身にとっても、先輩である茅野愛衣さんとの1対1の勝負。正面きって演技に食ってかかることができるこのうえなく光栄なシーンでしたし、最高の掛け合いになるよう調整しながら演じていく体験がすごくおもしろかったので、思い出深いですね。

——最後にファンの方へのメッセージをお願いします。

佐藤　普段の生活のなかで少しでも気になることがあるなら、法に触れない範囲でぜひ試してみてほしいです。誰になんと言われようと、自分の本心に従って後悔しない選択肢を選んだほうが人生はおもしろいです。行動しないかぎり人生はクソゲーなので、友崎たちが一歩を踏み出したようにみんなで一歩を踏み出しましょう。そして願わくは、これからもアニメが続いてまたファンの皆さんにお会いする機会ができたときに、一歩を踏み出してみてどうだったかを聞かせてください。

「心を隠した演技」葵は決してブレない

――最初に、本作の魅力について教えてください。

金元　主人公の友崎が成長していく姿を見て、自分もやる気になったり、背中を押してもらえたりする作品だと感じました。彼だけでなくヒロインたちもそれぞれに悩みを抱えていて、どう生きるかという問題に向き合っている作品なので、学生だけではなく社会人も含めていろいろな人が共感できる物語です。

――演じられた日南葵の印象についてはいかがですか。

金元　一見すると根っからの明るいキャラクターで、親しみの持てる、誰もがあこがれるようなパーフェクトヒロイン。だけど、それは努力して作り上げた姿で「本当の姿は別のところにある」というのが惹かれるポイントです。原作の最新刊（第11巻）で葵の本心を知ることができるんですけど、心の奥底に張られている根がとても深くて簡単に理解できなくて……。ヒロインというよりもボスキャラクターという言葉がふさわしいかも？

――時系列で考えると、第1期の収録時にはまだ葵の〝本当の内面〟が見えないなかで演じていたのでしょうか。

金元　原作者の屋久ユウキ先生が積極的に現場に来てくださって、いろんなお話を聞くことができたので、演じるヒントはたくさんいただきました。あとは原作の第6・5巻で葵の家族について語られていて、そこから見えてくるものもあったので、そういった情報をもとに演じていました。

――演じる際に意識した点を教えてください。

金元　クラスのみんなと接するときの顔と、友崎と接するときの顔が違いますけど、その両方ともが葵にとっては「心を隠した演技」なんです。だから心を開いているような雰囲気が出ないようつねに意識していました。こんなにも徹底的に気持ちを隠すことができるのは、葵が決してブレることのない芯の強さを持っているからなんだと思います。

――葵の決めゼリフ「おにただ」はどんなイメージで演じましたか。

金元　ポーズもビシッと決めているので、はっきりしっかり言語化していきます。「またおにただかよ……」ではなく「出た、おにただ！」となるくらいの頻度なのは、きっと葵が尊敬しているキャラクターの言葉だからこそでしょうね。葵自身、安易に使うものではないと思っている気がします。技名とまではいかないですが、近いニュアンスを入れました。

――第1期と第2期を通して演じてきたなかで印象に残っている出来事はありますか。

金元　始めのころは、自分にはないものを持っているキャラクターだと感じて、共感することが難しいかもしれないと思いました。ただ、演じたり原作を読んだりするなかで葵が深い後悔を抱えていることや、その後悔から自分を罰して歩んでいるキャラクターであることが伝わってきたんです。「こんな出来事があったらこういう生き方になるのもわかるなぁ」と共感できるようになったので、その意識の変化は今でも印象に残っています。

――印象に残っているシーンを教えてください。

金元　第1期は第12話の、友崎と葵がコンビニの前で対峙するシーンがとくに印象に残っています。第1話で出会ったコンビニの前と同じ場所で、同じ距離感なのに話してる内容がまったく違う。その対比が好きです。突き放すような葵の態度に友崎が食らいついていきましたが、そこで向かってきてくれたことは葵にとって大きな救いに

葵の内面については皆さんのご想像におまかせします！

日南葵役

金元寿子

【かねもと・ひさこ】
12月16日生まれ。ぷろだくしょんバオバブ所属。『劇場版 美少女戦士セーラームーン Cosmos』水野亜美／セーラーマーキュリー役、『陰の実力者になりたくて！』イプシロン役など出演作多数

あなたにとっての「神ゲー」は？

「旅行です！　自分の知らない場所に行くのって、異世界転生をしているような感覚を味わえます。自分のことを知っている人がいない土地で、未知の冒険が始まるってイメージ。もちろん地元の街、自分の家に帰ってくるんですけど、旅をすることでいろんな経験が得られるので、これからも続けていきたいです」

なっている気がします。あと、第2期は第7話で友崎とみなみがラーメン屋に行って、お互いドギマギ戸惑いながら掛け合いをしているシーンがすごくかわいくて印象的です。思わず連射しちゃう友崎や、餃子を「あーん」ってするみなみに青春を感じました。

——葵が友崎に対してどんな気持ちを抱えているかも気になります。

金元　第1期に比べると、第2期は葵と友崎が被服室以外の場所で話す機会がすごく減りました。友崎も葵とは違うやり方を試したりするようになって、まさに赤ちゃんが自分で立って歩けるようになった感じなんですけど、それを見つめる葵の表情が絶妙でした。寂しさを感じているようにも、楽しんでいるようにも見える。お芝居の面でも、葵から友崎への気持ちに関してはどちらとも取れるよう意識してフラットに演じました。視聴者の皆さんに葵の内心を想像していただけたらなと思っています。

——友崎と葵の今後はどうなると思いますか。

金元　後悔を抱えている葵にとっての「救い」が、必ずしも友崎と恋仲になることではないだろうな、とは感じています。それと、友崎のことをどこまで異性として意識しているかはわからないですが、友崎の性別が女の子だったとしても、今と同じような物語が始まっていた気がするんですよね。だから、やはり恋愛関係にはならない気もします。ただ、まだ今後どうなるかはわかりませんからこれから先の展開にも注目したいです。原作の新刊が待ち遠しいですね。

葵の視点を通して感じた各キャラクターの魅力

——ここからは各キャラクターの印象についてお聞かせください。まずは友崎からお願いします。

金元　試練から逃げずに他人と向き合う姿勢が魅力的。「やればできる」ということを見せてくれる男の子。演じている元くん（佐藤元）もまっすぐなタイプで、熱い気持ちを抱えながら素直に真摯に作品と向き合っているので、友崎とリンクするところがあります。第1期から第2期にかけて友崎が成長していくように、元くんの演技も成長していって、作品の持つパワーを引き出しているように感じました。

——七海みなみについてはどうですか？

金元　作中で葵が「パーフェクト」って言われていますが、本当にパーフェクトなのはみみみ（七海みなみ）じゃないかなと思います。自然と気遣いができて、空気を読んでみんなを楽しくしてくれて、友崎にも最初から偏見なく接していました。さらに明るくて愛情深い。そんな彼女だからこそ、葵に対する複雑な想いを明かす場面を見たときに泣きそうになりました。たま（夏林花火）を中心にクラスが険悪なムードになったときも誰より心を痛めていましたし、いちばんいい子。第2期最終話で泣きながら友崎の背中を押すところを見て、「これからいい男に出会うんだぞ！」と励ましたくなりました。絶対に幸せになってほしいです。

——今話題に出た夏林花火についても聞かせてください。

金元　第2期第6話でクラス内の空気が変わってエリカが追い詰められたときに、たまが止めに入りました。それまで自分をいじめていた相手にも関わらず助けた姿を見て、「たまって本当にまっすぐでいい子だな」と感じました。こんなステキな子に高校生のうちから出会うことができるなんて、作中のクラスメイトたちはみんなラッキーです！

——葵はたまのことなのにとても怒っていましたが、なぜでしょうか。

金元　アニメではまだ語られていない範囲のお話になるんですけど、葵が今みたいな性格になった出来事があるんです。それと今回のたまを取り巻く事態に似た雰囲気があったから、葵は過去の自分ができなかったことを今しているのかなと感じました。どうして葵がそこまでたまを気にかけているんだろうと気になる方は、ぜひ原作を読んでいただければと思います。

——次は風香についてお願いします。

金元　登場すると空気が変わるキャラクター。友崎と図書室でしゃべっているときは、とくに清涼感や透明感があります。詩的な表現をすることも多くて、一見するとメルヘンでフェアリーなイメージがあるんですけど、とても冷静に人を見ています。人や人間関係を分析する風香と、そんな風香に素直に言葉を伝える友崎。とてもお似合いの2人だなって思います。最終話の、劇の結末を通して告白の返事をした風香も、その風香に向き合って想いを告げる友崎も、ロマンチックでとてもステキでした。

——泉優鈴についてはいかがですか。

金元　その場にいるだけでクラスが明るくなるという意味ではたまと似ていますが、優鈴は悩みがあると人に頼ることができる子なので、そこが大きな魅力だなって感じます。人に頼るのが上手くて、それが嫌味にならない。優鈴に頼られることが相手にとっても救いになることがある。そんな子だからこそ、ときには人間関係のなかで板挟みになることもあるんですけど、最終的には周りが団結して優しい世界になっていくイメージ。「みんなで幸せになれたらいいよね」という考え方を持っていそう。登場人物のなかではいちばん青春を謳歌しているキャラクターだと思います。

——ほかに印象に残っているキャラクターはいますか。

金元　水沢の存在感が大きいです。とくに第2期では友崎のバディみたいな感じの立ち位置で。自分にないものを持っている友崎にあこがれつつ、成長を促しながらも、からかって楽しんでいる。友崎に一目を置いているし、好きなんだろうなって感じます。ちょっとヒロインっぽいところもありますし、一言でまとめると「おもしれー男」になりそうです。

——いちばん自分に近いと思うのは誰ですか？

金元　初期のまだ弱キャラのときの友崎かな。クラスに積極的に関わろうと思っていなくて、「自分だけで過ごすことができればいいや」みたいな。ステルスモードでいたいという気持ちに激しく共感しました。あとは、学生時代はストレートな物言いをするところがあったので、たまも少し共感できるところがあります。

——最後にファンの方へのメッセージをお願いします。

金元　友崎を通してどのような感情を抱いたかは、人によって違うと思いますが、今の自分が抱えている悩みや課題、状況によって見え方が変わる作品だと思いますので、ぜひ何回も見返していただけるとうれしいです。キャラクターひとりひとりに人生があるので、自分がこのキャラクターの立場だったらどういう考え方をするだろう、みたいなイメージも心のエクササイズになると思います。原作もまだまだ続いていきますし、これからも応援よろしくお願いします。

シンクロする気持ちが演技をさらに輝かせる

——まずはこの作品への印象を教えてください。

長谷川　原作の表紙を見たり、あらすじをちょっと調べたりした段階では主人公とヒロインたちとのラブコメものだと思っていました。でも、実際に読んでみると学校っていう閉鎖空間と人間関係が生々しく描かれていて、自分の学生時代を思い出すくらいリアルだったんですよね。見た目と中身のギャップにビックリしました。この先はどんな展開になるんだろうって、物語にぐいぐい引っ張られました。

——長谷川さんが演じた七海みなみの印象は？

長谷川　読み始めた当初は明るくてかわいくて、いわゆるラブコメのヒロイン枠を担うタイプなのかなってイメージがありました。読み進めていくと彼女なりに深い悩みがあって、現実を生きる私たちと同じなんだと感じて、より一層好きになりました。自分とみみみ（みなみ）の距離感がぐっと縮まった瞬間です。じつはオーディションのときはほかのキャラクターも受けていたんですけど、自分のなかではみみみがいちばん演じていてしっくりきていました。

——それだけ深く共感できるキャラクターだったということですね。

長谷川　アニメに登場するキャラクターって個性的なことが多くて、できるだけ寄り添って演じてはいますが、「自分とは違うな」と思って深く共感することはそこまで多くないんです。自分と重なる部分や共感できるところが多いキャラクターは、みみみが初めてだったので、その気持ちは演技に生かせていたんじゃないかな。みみみの気持ちや言いたいことがよくわかるから、感情の出し方は一切悩むことなく演じられました。伝えたい気持ちが多いぶん、尺のなかに収めるのは大変だったんですけど（笑）。

——演じる際に意識した点も教えてください。

長谷川　普段は元気いっぱい。距離感を無視してバーンと近くに来る感じを出したかったので、あえて壁をぶっ壊すくらいの勢いでしゃべろうと意識していました。第2期に入ってからはパワフルな部分よりも心の深いところにある繊細な気持ちを表現しなくてはならなかったので、第1期とはちょっと違う雰囲気になっていると思います。

——第2期の演じ方の違いとは？

長谷川　第2期のみみみって、無理に元気よく振るまっている場面が多かったんです。本当に能天気な元気キャラを演じていたのは第1期の最初のほうだけなんです。トーンを落とした芝居が多くなるので、無理にがんばっている感じを出すんですけど、やりすぎると「なんでこんなに苦しんでいるのに周りの人は気づかないんだろう？」という印象を視聴者に与えてしまう。そうならないよう、明るさの配分に気をつけていました。

——第2期の結末を見届けたときの気持ちはいかがでしたか。

長谷川　私にとっては、みみみがいちばんかわいいので、「どうしてみみみじゃないんだ！」とは思いました。でもお互いに共感できる部分が多いという意味では、友崎と風香が近いところにいるのもわかりますし、会話ややりとりを見ていても2人だけの世界ができているし。みみみと友崎の世界って、ほかの人たちも入ってくることができるので、2人だけの特別感はないんです。第2期でも、みみみが2人を遠くから眺めているシーンがありましたけど、みみみには入ることができない世界を作り上げていました。

——印象に残っているシーンを挙げるならどこになりますか。

長谷川　第1期だと、たま（花火）と友崎が2人でみみみの話をしているシーンがいちばん好きです。たまの「みんみってバカでしょ」ってセリフが第

アニメのキャラクターにここまで深く共感したのは初めてでした

七海みなみ役 長谷川育美

【はせがわ・いくみ】
5月31日生まれ。ラクーンドッグ所属。『ぼっち・ざ・ろっく！』喜多郁代役、『ウマ娘 プリティーダービー』ミホノブルボン役など出演作多数

あなたにとっての「神ゲー」は？

「推し活です。アイドルが大好きなんです。推しのアイドルの願いが叶ったときに、自分にはなんの関係もないのに、共感して喜んだり泣いたりしてしまいます。まるで自分のことのように。それって素晴らしいことだと思うんです。私にとって、「推し活」は神ゲーです」

1期の全セリフのなかでいちばん好き。たまからみみに向けられている想いのあたたかさが伝わってきて涙が出そうになるくらい印象的ですし、何回聞き直してもいいなって思います。アフレコ現場での前川涼子さんの演技がステキだったのも印象に残っている理由かも。第2期はみみが友崎を送り出すシーンがいちばん好きです。完成したアニメを観るときは客観的な視点で観ていることが多くて、演技の反省点や良かった点が見つかることが多いんですけど、送り出す場面は客観的に観ることができない。何回観ても涙が出てきます。

劇中最強キャラはたまで決まり!?

——ここからは各キャラクターの印象について聞かせてください。まずは友崎からお願いします。

長谷川　考えすぎです。私はあまり考えず直感で行動するタイプなので、「どうして友崎はこんなにいろいろ考えてしまうんだろう」って、思っちゃいます。ただそこが友崎のいいところ。第2期で、みみは選ばれなかったですが、あんなにも一生懸命に考えて考えて、その末に出した答えなんですから何も言えないですよね。真摯だし、誠実だなって感じます。

——みなみは友崎のどんなところを好きになったと思いますか。

長谷川　心のなかに抱えていたものを外に出させてくれたのが友崎でした。その点は大きいと思います。気持ちを吐き出すきっかけをくれた時点で、恋愛感情はさておき特別な存在になりますよね。そのあとも大事な友達のたま（花火）を救うために尽力してくれたので、好きになっちゃうのもよくわかります。

——いま話題に出た花火の印象も教えてください。

長谷川　大好きです。本当に好き。みみとたまが断トツで好きです。たまのことは第1期で初めて登場したときからずっと好きですが、第2期で変わることを選んで愛嬌など処世術を身につけたたまは最強です。私も性格的にけっこうなんでも言っちゃうタイプなので、似た者同士という意味でも放っておけない。率直な物言いをするタイプってタイミングや言い方を間違えると空気を悪くしちゃうこともありますけど、そこを乗り越えたたまはカッコよくてかわいくて無敵。みみ役だからというのもありますが、やっぱり特別視してしまう女の子です。

——日南についてはどうですか？

長谷川　すさまじいとしか言いようがないです。第1期でたまが「葵とは戦ってほしくない」って言っているのを聞いて、周りから見ても異質に思われているんだな、と感じました。同じ輪のなかにいても特別感のある存在。何を考えているのか、本質に何があるのか、第2期を通して謎が深まりました。友崎とも最初は師弟でしたが、2人の考え方の違いが生じて関係性が変わってきていると思うので、一言では言い表せないかな。

——続いて、風香に対する印象も教えてください。

長谷川　彼女もある意味怖いです。作家の視点でクラスのみんなを見ていて、ひとりひとり分析している。そんな子が高校生なのかと思ってしまいます。主観を入れず、自分の感情を脇に置くことができるのもビックリしますし、とても不思議な子。友崎でなければ長いこと話せないでしょうし、友崎以外の人は風香の思考についていけないんじゃないかな……。

——では、優鈴の印象はいかがですか？

長谷川　第2期では前面には出ていなかったですが、第1期と比べるとすごく成長しましたよね。第1期の頃よりも主体的に行動したり、周りをしっかり見て動けるようになっていたり、気づかないうちに成長していたイメージです。修二と付き合うようになって女の子としての魅力も一段とアップした気がしていて、あらゆる要素がパワーアップしているんじゃないかな。リアルにいたらいちばん好きになっちゃうタイプの子。かわいさなら優鈴がいちばん！

——そのほかにも多くのキャラクターが登場しますが、長谷川さんが気になる人物は？

長谷川　エリカですね。「そんなことするなよ！」って言いたくなるんですけど、いいところもあるじゃないですか。友達もいるし、謝ろうとする良心も見えますし、不器用だからあんな言動を取ってしまうことが伝わってくる。そんな彼女が徹底的に追いつめられる場面は心が辛かったです。本当に嫌味なだけのキャラクターなら気持ちよく見ていられたと思うんですけど、そうじゃないですから。すごく人間味がある女の子。たまがかばっていなかったら学校に来ることもできない状態になっていたと思うので、やっぱりたまは最高です。

——いちばん自分に近いと思うのはどのキャラですか？

長谷川　自分のなかの軸に近いのはたまです。ただ、心に抱えているもので言えばみみがかなり近いと思います。相手のことをすごいと思っているし嫌なところなんて一切ないのに、つい妬んでしまって、そんな自分を嫌いになる。第1期第8話のみみとまったく同じ気持ちをこの業界に入ってから持っていたので、気持ちがすごくシンクロしていました。

——最後にファンの方へのメッセージをお願いします。

長谷川　第1期の放送が終わった当時、「この先の展開が七海みなみというキャラクター的にも大事なのに！」という気持ちがあって、自分のなかで終わった気がしていませんでした。だから第2期が決まったときはプレッシャーもありつつ、それをはるかに超えるほどにうれしかったです。第2期の最終話を録り終えたときに、演じきったという想いが強くあったので、再びみみを演じる機会をいただけたことに感謝しました。私が自分らしくいさせてもらえたアフレコ現場で思い出の作品になりました。またなにかの機会にみんなで集まることができたらいいなって思いますし、第2期で気になることも増えたと思うのでぜひ原作のほうも触れてみてください。これからも『弱キャラ友崎くん』をよろしくお願いします。

風香が持つ独特の空気感を出すための努力

――まずは作品の印象について教えてください。

茅野　オーディションを受けるときに初めて作品に触れましたが、最初に感じたのは会話劇のおもしろさでした。風香役をいただいたあと最初に収録したのが（原作8・5巻の特装版に付属した）ドラマCDだったので、より掛け合いの魅力が印象に残りましたね。ストーリー面では高校生ならではの青臭さみたいなものがすごく上手く描かれていて、屋久ユウキ先生のすごさを感じました。誰もが共感できるエピソードがたくさん散りばめられている作品ですよね。

――ドラマCDの収録はいつごろあったのですか？

茅野　収録がコロナ禍の前だったのでみんなで集まって掛け合いができたんですが、その掛け合いがあったからキャラクターを上手く作っていくことができました。内容が「剣と魔法のファンタジー世界をテーマにしたVRゲームのモニター」で、風香が妖精役だったので、もともと彼女が持っていた妖精や天使のようなイメージがさらに強くなりました。

――風香の印象はいかがでしたか？

茅野　第1期の風香ってほとんど友崎としかしゃべらないので、「限られた人にしか見えない妖精なんじゃ？」みたいに感じました。第2期でクラスの人たちとしゃべる機会も増えて、「よかった、見えてる！」という安心感がすごかったです。風香はどこか浮世離れしたところがあってアーティスト性も高いですが、第2期はその印象がより強く出ていましたね。風香の年齢で自分の世界をしっかり持っているって本当にすごいことですよ。将来とんでもないアーティストになる気がしています。私自身声優という仕事をしていて感じることなんですが、みんなとベクトルが違うところがあるってアーティストにとっては強みになるので、このまま成長していったら作中でいちばんの大物になる気がします。

――演じる際に意識した点は？

茅野　言葉を大切にする風香らしさを出すためにゆったりとしたしゃべり方を意識しました。スラスラと滑らかに話すと風香から受ける印象が大きく変わってしまいそうだったので、決められた尺のなかでいかに多くのセリフをゆったり演じるか、というのはつねに考えていましたね。風香のなかには友崎に伝えたい言葉や思いがたくさんあるけど、つらつらとしゃべってしまう

風香らしさを出すために ひとつひとつの言葉を ゆったりと演じるよう 意識しました

菊池風香役 茅野愛衣

【かやの・あい】
9月13日生まれ。大沢事務所所属。ほかの出演作は『デリシャスパーティ♡プリキュア』ジェントルー／菓彩あまね／キュアフィナーレ役、『無職転生～異世界行ったら本気だす～』シルフィエット役など。

と友崎に伝わらないような気がしたというのもあります。スタッフのみなさんが気を遣ってくださって、風香のしゃべるパートは長めに尺を取っていただけたのはありがたかったです。

あなたにとっての「神ゲー」は？

「東京です。なんでも揃っていて、いろんな選択肢のなかから選ぶことができるじゃないですか。とくに私は美味しいものが好きなので、いろんな地方から食べ物が集まっていてお店がたくさんある東京は神ゲーと言っていいと思います。ずっと東京にいると疲れて別の場所に行きたくなるときもありますけど、自分をいちばん満足させてくれるのは東京。今の自分がいろんなお仕事を担当できているのも東京だからこそなので、住んでいてよかったです」

——友崎と恋人になる展開は事前に知っていましたか？

茅野　じつは知らなかったんです。風香は変わっていく友崎の姿を見て自分も変わっていく子なので、先の展開を知りすぎると風香としての自然な演技ができない気がして、台本より先の展開は読まないようにしていました。だから付き合うことになってビックリしましたね。2人でいるときの空気感が好きですし、お似合いだなーとは思っていましたが、風香の攻略は難しいぞと感じていたので。茅野愛衣個人としては、みみみ、たま、優鈴と自分が付き合う想像はできるんですけど、風香と自分が付き合っている光景は想像できなかったので友崎はすごいなって思います。

——恋人になった2人を見ていてどんな気持ちを感じますか。

茅野　感覚的なものを言語化するのが得意な友崎だから、風香との相性はいいんですけど、それを含めても風香の攻略難易度って高いじゃないですか。自分の世界の理想とは違うから、という理由で友崎の告白を断るあたり本当に意志が強いですよね。マシュマロみたいにふわふわしているのに、中身は石みたいに硬い。そんな風香の心の殻を壊した友崎を見て成長を感じました。最後に喫茶店で友崎に小説の感想を求めるシーンは、付き合ったことで生まれた風香の新しい一面を見ることができた気がします。

——第1期と第2期で印象に残っているシーンはどこになりますか。

茅野　第1期だと、友崎と2人で図書室で話しているシーン全般ですかね。とくにアンディ作品について語る風香が大好きです。急にアンディオタクになる風香がかわいくて。第2期だと第10話の演劇の台本を風香が朗読するところはかなり印象に残っています。風香が頭のなかでどんなふうに読み上げているのかを想像する必要があり、演じるのが大変でしたから。それと、第2期最終話のラストで小説の結末部分に声を当てる演出があったと思うんですけど、あの部分もかなり悩みました。絵の雰囲気が絵本調でかわいらしかったので、そこに上手く合わせたくて悩みましたね。お芝居のプランを考えるのが難しいけどやりがいがあったので、第2期はその2つの場面が印象に残っています。

声優・茅野愛衣と風香の意外な共通点

——ここからは各キャラクターの印象について聞かせてください。まずは友崎からお願いします。

茅野　本人は自分のことを不器用だと思っていそうですけど、ゲームに置き換えて課題を達成していくところが器用ですよね。努力家でもありますし、個性の振れ幅が広くておもしろい。第1期と第2期を通してものすごく成長していますし、風香と同じく底が知れないなと。まだまだ発展途上なところが魅力的です。ただ、私が友崎を語るのははばかられるんですよね。友崎役の佐藤元くんが魂を込めて演じている姿を見てきたので、友崎を語るなら佐藤くんを置いてほかにない、という気持ちです。

——日南についてはどうですか。

茅野　友崎に生き方を教える先生だけど、アタファミでは友崎が先生で、独特な関係ですし、水沢からも好き宣言をされている。これから先、日南を取り巻く人間関係がどうなっていくのがすごく気になりますね。視聴者は裏の顔を知っていますが、その裏の顔も本当の彼女ではないっていう謎の多いキャラクターで、底知れない奥深さが魅力的です。ひーちゃん（金元寿子）も自分のことをあまり話さないミステリアスなタイプなので、ちょっと日南っぽいところがあるんですよね。ハマり役だなって思います。

——次はみなみについて教えていただけますか。

茅野　クラスにひとりはいてほしい子。元気がもらえますよね。風香が脚本を書くことになったときの複雑な表情や、ラーメン屋さんで2人でご飯を食べているシーンを見ていると、友崎がいっぱいいてくれたらいいのにって思わずにいられません。明るさの裏には抱えているものがいろいろあって、幸せになってほしいヒロインナンバーワンです。最終話で友崎を送り出す場面も、あそこで泣かないのがみみみなんだなって苦しくなりました。

——花火についてはいかがですか。

茅野　第2期で深く描かれたこともあって、皆さん大好きになったのではないでしょうか。第1期まではマスコット的存在という印象が強かったですけど、第2期は努力の子という印象。とくに日南がエリカを追いつめたときにズバッと注意した姿を見て大ファンになりました。かわいいけどカッコいいっていうギャップに弱いんです。。

——では、優鈴についても聞かせてください。

茅野　みみみと同じくクラスにひとりはいてほしい子ですけど、修二とのちょっとしたイチャイチャを見ていると癒やされますし、癒やしキャラという点では作中一な気がします。癒やしギャル。物語が進むにつれて優鈴がだんだん積極的になっていって、それによって周りにもいい影響を与えているので、周りも自分も高めあっている感じがしてよかったです。

——ほかに印象に残っているキャラクターはいますか。

茅野　竹井ですね。優鈴と同じくらい竹井にも癒やされます。「いてくれてありがとうー！」ですよ。あんなムードメーカーなかなかいないです。「◯◯っしょー」って、それしか言えないのかと思いつつ、そのひと言で周りが笑っていい雰囲気になるのがいいですよね。教室っていうひとつの狭い世界のなかでみんなの関係性が変わっていきますけど、竹井みたいに変わらないキャラクターもいて本当におもしろい作品だなって感じます。

——ここまで各キャラクターについて聞いてきましたが、いちばん自分に近いと思うのは誰ですか？

茅野　風香とはまったくタイプが違いますけど、独特な立ち位置で個性的という意味では彼女に似ているかもしれません。というのも私、女子高に通っていたのですが、同じクラスの友達だけでなくほかのクラスの子や、先輩、後輩など学年問わずいろんな人たちとお昼ごはんを食べていたんです。クラスのなかっていう小さなコミュニティだけに留まっているのはもったいない、という気持ち。「必ず仲のいい子とご飯を食べる」みたいな空気が当たり前だった学校で、そうやっていろんなグループに顔を出していたので、学生時代はかなり変わったタイプだったと思います。

——風香は人間観察が得意ですが、茅野さんはいかがですか。

茅野　役者は人間観察をしている人が多いと思いますよ。とくに子どもは接する機会が少ないので、子どもを演じる際の参考としてどうやって遊んでいるか、どんなふうに声を出せばいいか、という点は観察が大切だと思います。公園で遊んでいる様子を眺めることはよくありますね。あとは今の時代、パソコンで調べるとなんでも出てくるので、動画などを観察しながら自分のなかに演技のためのストックを貯めていく作業はよくやっています。

——最後にファンの方へのメッセージをお願いします。

茅野　ファンブックをご購入いただきありがとうございました。皆さんの応援のおかげで風香と友崎がお付き合いするまでの物語を描くことができました。また風香を演じることができて本当にうれしかったです。原作はまだまだ続いていて、物語としては道半ばなので、ぜひ今後とも『弱キャラ友崎くん』を応援していただければと思います。今後ともよろしくお願いします。

夏林花火役 前川涼子

【まえかわ・りょうこ】
8月6日生まれ。アトミックモンキー所属。『アイドルマスターシャイニーカラーズ』大崎甜花役、『ステラのまほう』布田裕美音役など出演作多数

友崎たちに助けられたたまみたいに、私もキャストの皆さんに助けられていました

第2期でパワーアップしたたまの魅力を語る！

——まずは作品に対する印象を教えてください。

前川 「おもしろい！」というのが第一印象でした。『弱キャラ友崎くん』には生き方について考える自己啓発的な側面がありますが、もともと自己啓発系の本を読むのが好きだったので、すぐにハマりました。読み進めていくと現実とどう戦ってどう折り合いをつけていくのか、選択肢がいくつもある場合、どれが最適なのか。数多くの人生の岐路で、キャラクターたちがそれぞれの考え方で向き合っている。試練を乗り越えようとしている姿が魅力的です。ＳＮＳで「友崎くんみたいにチャレンジしてみました」といった投稿を少なからず見たこともありますし、誰かにとっての一歩を踏み出すきっかけになっている作品なんだろうなって感じます。

——夏林花火の魅力についてはいかがですか。

前川 芯のブレなさと、いつもそこに変わらずいてくれる安心感が根底にあります。ストレートに言いたいことを言うけど、いちばん仲のいいみみみ（七海みなみ）に対しては海のような包容力を見せるところもいいですよね。みみみのことを家族のように感じていて、支えたいと思っている。母性に近い目線を持っているところも素敵。それに、髪の毛がふわふわしていて柔らかそうな猫っ毛ですし、お肌もモチモチしていそうですし、見た目もちっちゃくてかわいい。

——第2期の前半はたまに焦点が当たっていましたね。

前川 第1期のときは「大切な人たちが自分のことをわかってくれていれば、それでいい」という雰囲気がありましたけど、第2期ではみみみや周りのみんなが悲しい気持ちになることを避けたいという想いから、自分が変わるという決意をする。それは自分のためでもあるけど友達のためでもあって、たまの友達想いなところが出た結果ではないでしょうか。みんなの力を借りながら努力して、ものすごく魅力がパワーアップしましたが、今まで良かったところは変わっていないのも素敵ですよね。もともと持っていた友達想いの良さに、積極性が上乗せされたイメージがあります。

——演じ方で意識した点は？

前川 「ビシッとした言い方だけど、怒っている感じやキツイ感じは出さないでください」と、よくディレクションをいただきました。ビシッと言おうと意識すると、がんばりすぎて感情が乗ってしまっていたんだと思います。それに、たまって何かを指摘するときだけでなく、たとえばみみみや仲のいい人から相談を受けたときも同情心などの感情が強く出ることはないんですよね。フラットな状態で相手の気持ちをしっかり受け止める子なんです。だから感情を出しすぎないよう意識していました。

——第2期最終話の演劇は普段の花火とはまた違った演技でした。

前川 たとえば水沢や（日南）葵だったら役柄をきちんと演技ができそうですが、たまは素のままだろうと思ったので、普段のたまがそのまま台本のセリフを読み上げているイメージで演じました。ただ、風香の気持ちをクリスが代弁しているところに関しては自分なりに作った芝居を入れました。たまの演技のなかに風香を感じ取ることができるようなお芝居にしたいと思ったので。

——印象に残っているシーンは？

前川 第1期の第8話は強く印象に残っています。部活をやめようとしているみみみを、友崎とたまが引き止めて、みみみの本音を聞く場面。「みみみは私のヒーローなんだよ」って励ますんです。ここまで相手のことを想って大切な人なんだよって伝えられる関係性がとても尊く感じました。いつも深く想っているけど、普段はそれを押

しつけず、頼ってきたときに全力でそれを伝えて抱きしめる。ステキなシーンですよね。第2期は第5話冒頭のハニワのストラップが切り裂かれていた場面。みんなの心配している声や悲しんでいる声が今でも忘れられないです。たまは、みんなを悲しませたくないから努力してきたのに、結局悲しませてしまった。見せたくない自分の姿を見せてしまった。そんな気持ちがあふれていました。ほかにも第2期は印象的なシーンが多すぎて、場面というよりは一連の流れのなかで印象に残った内容になるんですけど、話してもいいですか？

——ぜひお願いします。

前川　自らの一件で作戦会議が発足します。最初は友崎と2人だけだったけど、水沢、竹井、風香……と、今まで話したことのなかったクラスメイトが次々と加勢に現れる。あの流れが大好きなんです。アフレコ現場でのみなさんとのやり取りも相まって思い出深いですね。

——アフレコ現場でのエピソードも詳しく聞かせてください。

前川　第2期にあたる部分を原作で読んだときに、たまのことを強く美しいと感じたんですけど、だからこそ自分にその魅力に負けない表現ができるだろうかと不安だったんです。かなり気負った状態だったんですけど、そんなときにキャストのみなさんが「大丈夫？　私たちが支えるからね」って励ましてくれて。そのおかげでいい演技ができて、これってみんなに助けられるたまと同じだな、と感じました。だからたまがみんなに助けられる場面は、より一層強く印象に残っています。

あなたにとっての「神ゲー」は？

「麻雀です。最近ハマっているんです。自分でもアプリゲームで打つんですけど、ほかの人が麻雀しているところを見るのも好きで、Mリーグをよく観ています。運要素が絡むからプロでも大負けすることがありますし、悪手だと思ったものが結果的に大きな役につながることもある。最後まで逆転の可能性もありますし、まさに筋書きのないドラマ。どんな結末になるかわからないドキドキ感がたまらないですね。その運命に翻弄されるゲームでプロとして生きている方たちがいるのって本当に素晴らしい」

一見すると優鈴似だが内面はたまに似ている

——次は各キャラクターの印象について聞かせてください。まずは友崎からお願いします。

前川　最初は人生をクソゲーと言ってクラスのなかで息を潜めていましたが、その時点ですでに「アタファミ」でトップを取るくらい努力できる人ではあったんですよね。もともとがんばれる人だった友崎が、自分には関係ないと思っていた分野でもがんばった結果として成長していったので、大きく変わったように見えて芯の部分はブレていない。そこは魅力だなって感じます。周囲から好かれるのもよくわかりますし、率直に物事を言ってくれる人ってなかなかいないので、そんな友崎に、みみみや風香が惹かれていくのも納得できます。自信を持つことで大きく成長できるということを教えてくれるキャラクターです。たま的な目線から見ると、率直に話せる同志。そのうえで自分にはないものをくれる人なので、ラブはないけど魅力的だと感じている気がします。

——続いて、葵についてはどうですか？

前川　葵は本当は何を思っていて、どこに素の部分があるんだろう、っていう疑問を友崎たちだけでなく視聴者も感じているはずですよね。「完璧なのにいびつ」っていうキャラクター像が斬新でした。ひとつのことを決めたらやりきることができる人だし、見た目や声、ファッションも含めてあこがれる部分が多くて。でも、そうやってあこがれる人たちが、葵を孤独にしているんでしょうね。第2期までのなかでは、友崎と恋人になることはなかったですが、友崎と葵の絆が唯一無二のものであることは間違いないので、2人の関係がどんな終着点にたどり着くのかが気になります。

——花火と仲よしのみなみについても聞かせてください。

前川　見た目も性格や言動もかわいいですよね。いちばん共感できるタイプ。たまの目線を通して見ているので、明るさのなかにある悩みや葛藤がより伝わってきます。どの分野でも2位って十分すごいことなのに、いちばんになりきれない自分を気にしているところは、支えてあげたくなります。たまはみみみを妹のように見ているところがありますが、私はみみみに対して母心みたいなものがあります。幸せになってほしいですし、将来きっとステキな大人になっていると思うのでそんな姿を見たいです。

——風香についてはいかがですか。

前川　周りとは違う異質感に加えて透明感もある。この年頃の子って自分のやりたいことが見つかっていなかったり、何かしらの葛藤があったりするのが普通なのに、風香は無自覚かもしれないけど、目指すべきところに向かっている。自分の人生はずっとこういうことをやっていくんだろう、っていうものを見つけているのが本当にすごい。学生時代に私のクラスに風香みたいな人がいたら、カッコいいと思いつつ話しかけることはできないかも。あこがれるだけで終わってしまう感じ。そこで話しかけにいくことができる友崎だからこそ、風香の世界に色をつけることができたと思うので、お似合いですよね。

——では、泉優鈴についてもお願いします。

前川　周りの空気を明るく柔らかくしてくれる存在。変わりたい気持ちを素直に言葉にできるし、上手くいかなかったことを悩んでいる様子もかわいいから、みんなが手を差し伸べたくなります。ひとりいるかいないかで集団の居心地が変わってくるタイプですよね。今まで語ってきた面々の個性が強いので、一見普通そうに見えるかもしれないけど、優鈴みたいにあたたかく人と接することができるってすごい才能だと思っています。優しいからこそ辛くなるときもあると思いますけど、修二も修二なりに優しくしてくれると思うので、穏やかに日々を過ごすことができる幸せなカップルになってほしいです。

——いちばんご自身に近いと思うのは誰ですか？

前川　正義感みたいなものが昔から自分のなかにあるので、内面はたまに近いかも。だから演じているときも共感することが多かったです。ただ、人と衝突することは避けて平和でいたいというのも本音なので、普段はその内面を出さないことも多いです。人との接し方という点では優鈴に近いかな。優鈴ってみんなと仲良くするためにいろんなグループに入っているけど、どこにいても、いいコミュニケーションができる位置にいますよね。私も同じように動こうとすることが多いので、周りから見ると優鈴に似ているかもしれません。

——花火らしい歌い方で意識した点というと？

前川　率直な気持ちで歌うことです。田淵（智也）さんからの提案で、歌詞を演じながら読んだあとにレコーディングをすることが決まりました。演じた延長で歌うことができたので、たまの優しさと強さが共存した歌声になっていると思います。「カラフルエンドエピローグ」はたまだけでなく、ヒロインたちみんなの想いが込められているので、こちらも歌詞とあわせてあらためて聴いていただきたいです。とくに風香パートの「好きな色を選べるように空も街もモノクロだった」って部分、今あらためて聴くと第2期の内容を思い出して絶対に感動するはず！

——最後にファンの方へのメッセージをお願いします。

前川　『弱キャラ友崎くん』を楽しんでくださったそこのあなた！　あなたはもう私の友達です（笑）。私自身がたまに出会えて励まされたり強くなれた部分があるので、みなさんもぜひ共感するキャラクターに思いを寄せて、挑戦したいことや悩んでいることがあるなら一緒にがんばって踏み出していきましょう。

声優としての自分とアーティストの自分

――まずは作品の印象について教えてください。

稗田　友崎が日南から指導を受けている内容や実践していることって、私たちが学校なり社会なりで人と付き合っていくうえで生かせることばかりじゃないですか。自分が学生のときに読んでいたら過ごし方に影響を受けていたかも、と思いました。それこそ中学時代は優鈴と同じように周りの目を気にしていて、一見すると友達と上手くやっているけど気を遣っているし、自分の意見を言うのが少し怖い、という状態。学生時代に読んでいたら何か変わったかもしれないですね。

――稗田さんが演じた優鈴に対する印象はいかがですか。

稗田　初めて立ち絵を見た時点で「かわいい！」と思いましたが、実際に動いている姿や表情を見てさらにかわいいと思うようになりました。内面や好きな人へのアプローチ、修二と恋人になってからの様子を見ているとまさに乙女という言葉がピッタリ。第2期でたまとエリカがひと悶着あったあと、自分からエリカに話しかける描写もありましたが、本当にいい子ですよね。あそこで話しかけることができたのは、第1期から第2期にかけての成長によるものだと思います。

――演じるうえでどのようなディレクションがありましたか。

稗田　第1期の序盤のほうで友崎に対してキモいなどの失礼な発言をすることがあったと思いますけど、そういったセリフに悪気がないように演じてください、と言われたことはよく覚えています。友崎の視点から聞いてもとくに意地悪には感じないくらいサラッと言うよう心がけましたね。それと、「もっと明るい感じでお願いします」というディレクションをいただいたこともありました。とくに第2期の優鈴は自分の中の殻を破ったあと、自信がついている状態なので、第1期のときよりも明るく前向きな演技を意識していました。

――印象に残っているシーンについても聞かせてください。

稗田　第1期第4話の優鈴が友崎に『アタファミ』を教えてもらう回の、Bパート。友崎が自分の気持ちをぶつけるシーンはよく覚えています。友崎役の佐藤元くんと一緒に収録したんですけど、元くんの迫真の演技が強烈で印象に残っています。収録当時はメインキャストとしてマイク前に立つ機会が少なかった時期だったので、優鈴役としても細かい心情を演じるために台本にたくさん書き込んだり、緊張してアフレコしたりしていたので、今でもよく覚えています。元くんの演技に影響を受けたのもあって、本当に泣きそうになりながら、「とにかくこの場を収めなくちゃ！」っていう気持ちで演じました。自分があの状況だったらものすごく怖いですよね。今後の学校での立場も変わると思いますし。優鈴の気持ちが伝わってきたのでとても感情移入しました。

――優鈴は修二と仲よくなるために『アタファミ』をやるなど、好きな人に合わせようとする意識が強かったですね。その部分にも感情移入はできましたか？

稗田　好きな人や気になる人ができたら、その人の好きなものを事前にリサーチして勉強しちゃうかもしれません。恋愛感情でなくとも、仲よくしたい人がいるなら共通の話題や趣味を作るのがいちばんいいと思いますし。あと『アタファミ』に関して言えば元ネタのゲームを実際に遊んだことがあるんですけど、何回やっても上手くなら

この作品は稗田寧々という人間を語るうえでも外せないものになりました

泉優鈴役

稗田寧々

【ひえだ・ねね】
1月15日生まれ。81プロデュース所属。ほかの出演作は『戦翼のシグルドリーヴァ』六車・宮古役、『CUE!』鷹取舞花役など。

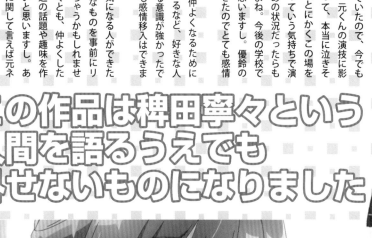

なくて特定のキャラクターしか動かせなかったので、そういうところでも共感しました。

——DIALOGUE＋のメンバーとして主題歌を担当した感想も教えてください。

稗田　オープニングもエンディングも同じアーティストってなかなかないですよね。とくに第1期の頃はまだデビューしてシングルを2、3枚出していたくらいの時期だったので、あまりの大役にビックリしました。『弱キャラ友崎くん』をきっかけにDIALOGUE＋を知ってくださった方がたくさんいますし、『弱キャラ友崎くん』と一緒に成長していくことができました。だから第2期もオープニングを歌わせていただけて本当にありがたかったですね。作詞・作曲の田淵智也さんが原作をしっかり読み込んでいらっしゃるので、メロディーや歌詞に作品らしさがあふれていて、アニメの絵と合わさるとより深みが出るのがうれしいです。

あなたにとっての「神ゲー」は？

「映画です。感情移入しやすい人間なので、映画を観ることで登場人物の気持ちを自分の感情であるかのように体験できるんです。それに、映画の世界なら魔法を使うことも宇宙へ行くこともできるじゃないですか。本来の自分が経験できないようなことをたくさん疑似体験できるので、映画は神ゲーです」

——第1期の「人生イージー？」と第2期の「イージー？ハード？しかして進めっ！」は曲から受ける印象が違う気がします。

稗田　「人生イージー？」は明るく前向きにという感じでしたが、「イージー？ハード？しかして進めっ！」はさらに成長した僕たち・私たちみたいな気持ちが込められています。すごく楽しい曲調ですけど、第1期から第2期にかけて友崎たちが経験してきた展開に繋がるような内容も含まれているので、深みが増しています。

——優鈴のキャラクターソングにまつわるエピソードも気になります。

稗田　キャラクターソングについて深く考えるようになったのが優鈴バージョンの「あやふわアスタリスク」でした。稗田寧々ではなく、泉優鈴として歌うにはどうすればいいか、田淵さんにも相談しました。そのときにいただいたのが、「優鈴がカラオケで歌うならどんなふうに歌うか」というアドバイスでした。稗田寧々と違って優鈴はお仕事で歌うわけではないので、歌うならカラオケで歌うか家で口ずさむかのどちらか。そのイメージができてからは、悩むことなく歌うことができました。アーティストとして歌った曲をキャラクターとして歌うのは初めてだったので貴重な体験になりましたね。

——2023年4月16日に行なわれた「弱キャラ友崎くんFes！」で歌ったときの気持ちはいかがでしたか。

稗田　人前でキャラクターソングを歌うのはこのときが初めてだったので、今でも特別な思い出ですし、すごく楽しかったです。朗読劇の内容が修二にアタックするために優鈴ががんばるというものだったので、よりいっそう気持ちを込めて歌うことができたんです。掛け合いの流れを引き継いで歌うとこんなにも気持ちが入るんだ、とビックリもしましたし、とても貴重な経験でした。こうやって振り返ると、『弱キャラ友崎くん』はDIALOGUE＋としてだけでなく、稗田寧々という人間を語るうえでも欠かせない作品ですね。作品のいろいろな部分に長く携わることができて、とってもありがたいです。

とくに共感するのは優鈴とたま！

——次は各キャラクターの印象について聞かせてください。まずは友崎からお願いします。

稗田　第1期と第2期で印象がかなり変わりますよね。第2期を観てから第1期を振り返るとこんなに卑屈だったっけと思うくらい、自分を閉ざしている感じが強くて。第1期で日南からいろいろな指導を受けて、みんなとも仲良くなって、第2期ではまったく違う人間に見えるのがいいですよね。フィクションとは言えリアリティがある作品ですし、そのリアルさのなかでここまで変わることができたのってすごい。成長の理由は友崎のマジメさも大きいと思います。

——日南の印象も教えてください。

稗田　完璧すぎてちょっと怖いですよね。でも日南みたいな人が同級生にいました。その子も友達が多くて、頭もよくて、運動もできて、おもしろいんですけど、人に見せないところでものすごく努力していました。自分がそうなりたいとは思わないですけど、日南やその同級生の姿を思い返すと本当にすごいと感じます。あと、日南は社会という新しいフィールドに立つと環境の変化で大きく苦労しそうなイメージがありますね。

——みなみについてはいかがですか。

稗田　普段ひた向きで明るいぶん、たまに見せる辛そうな様子に心が締めつけられます。恋愛面だけでなく日南に対するコンプレックスも見ていて苦しい。がんばっているけど上がいて自信が持てない、という気持ちを感じている人はたくさんいると思うので、共感しちゃいますよね。幸せになってほしい度ナンバーワンです。

——次は風香についてお願いします。

稗田　ヒロインたちのなかで独立した存在というか、みんなの輪のなかにいないから目がいきますよね。妖精っていう言葉がピッタリなビジュアルと内面ですし、ほかの人とは違うな、と感じます。それでいて周りの人たちのことをちゃんと見ていて、内面の核心部分を何度もついてくるので、そういうところに惹かれます。第2期最終話の劇のお話のときは、みみみと同じくらい風香の心情もすごく伝わってきて、涙が出てきました。すぐに感情移入してしまうタイプなので、自分がもし風香の立場だったらと考えて苦しくなりましたね。友崎とくっついた点は、そうなるだろうと思っていたので素直におめでとうという気持ちです。第2期の展開を通して友崎がみみみに行く可能性も少しだけ考えましたが、風香とは最初から最後まで特別感があったから納得しました。

——花火の魅力についても聞かせてください。

稗田　さきほど優鈴に共感できると話したんですけど、声優を目指すようになってからけっこう性格が変わりまして、大学時代にはハッキリと物事を言えるタイプに成長していたんです。だから大学時代を振り返ると、たま（夏林花火）にも共感できるんですね。自分なりに正しいと思ったことをストレートに言ってしまい、その言葉で友達に嫌な思いをさせてしまったこともあるので、たまのエピソードを観ていると大学時代の記憶がフラッシュバックします。キャラクターにたとえるとベースは優鈴だけどたまの要素もある、という感じですね。

——最後にファンの方へのメッセージをお願いします。

稗田　第1期が終わるのもさみしかったですが、第2期が終わるのもさみしいですね。個人的な気持ちとしては、原作がまだ続いているので第2期の続きもアニメで観たいという気持ちでいっぱいです。私はこれから先も『弱キャラ友崎くん』という作品と一緒に歩んでいきたいですし、皆さんとも歩むことができればいいなって思います。応援よろしくおねがいします。

『弱キャラ友崎くん』第1期アイキャッチギャラリー

第1話 東岩槻駅

第2話 大宮駅

第3話 東岩槻駅

第4話 東岩槻駅

第5話 東武野田線車内

第6話 西谷公園

第7話 東岩槻駅

第8話 東岩槻駅

第9話 大宮駅

第10話 飯能のオートキャンプ場

第11話 荒川運動公園

第12話 大宮駅

第4章 ストーリー紹介 Season2

友崎と風香が結ばれるまでを描いた
「2nd STAGE」の全13話を徹底解説。
「攻略ポイント」、「ウラ技」解説も引き続きお届けする。

Staff ▶シナリオ／志茂文彦　絵コンテ／柳 伸亮　演出／新海翔斗 (project No.9)　総作画監督／矢野 茜、小川エリ (project No.9)　作画監督／水野隆宏

Lv. 1

情報収集パートが退屈じゃないゲームは名作

夏休みが終わった友崎に日南から与えられた課題は、「クラスの人間関係を観察すること」だった。そんな折、クラスでは球技大会のキャプテン選びをすることに。女子の代表に誰も立候補せず、クラスが微妙な空気になるなか、エリカは無理やり平林にキャプテンを押し付けた。彼女のクラス内での地位の高さを改めて目の当たりにした友崎は、日南から「球技大会でエリカをやる気にさせること」という課題を与えられた。エリカのコミュニティに所属している優鈴や、エリカと性格が近いと思われるバイト仲間の成田つぐみ、人間観察が得意な風香から情報を収集。そしてソフトボールを球技大会の種目にすることで、野球の経験があるエリカが精神的優位に立てるようにした。種目の誘導に成功した友崎は、次の作戦を実施するため日南に協力を仰いだ。

つまり、俺がコントローラーを握って使用キャラとしてお前を使う

＋ 攻略ポイント ＋＋

リア充になるためには人間関係を観察しよう

場の空気を読むために重要なのは、周囲の人間関係を把握しておくこと。空気を読み、適切な発言をすることで、場の雰囲気を掌握できるのだ。友崎は人間関係を把握するため、クラスメイトたちの動きを注意深く観察した。

ウラ技 「日南が友崎から返してもらったバッグに缶バッジがついているのは意図した演出です。また、友崎と妹との最初のほうのやり取りは第１期の同様のシーンを意識しました。エリカが乙女チックな表情をチラ見せするところもポイントですし、パワーアップした『アタファミ』の画面にも注目です（笑）。あとOPでは、友崎のためにスペースを空ける中村を描くなど、本編に入れられなかった原作の場面がちりばめてあるので、そんなところもぜひご覧いただきたいです」（柳伸亮）

Lv.2

staff ▶シナリオ／志茂文彦　絵コンテ／石倉敬一　演出／佐土原武之　総作画監督／矢野 茜、松本謙一　総作画監督補佐／水野隆宏、小川エリ (project No.9)　作画監督／松本謙一、洪範錫　作画監督補佐／都竹隆治

ハッピーエンドを迎えたあとも人生は続く

だからね、そのやり方を 戦い方を、私にも教えて

教室
紺野やる気メーター
○月×日
修二のやつ、球技大会楽しみにしてるってさ。

友崎がエリカを球技大会でやる気にさせるための「三本の矢」。それは優鈴との友情、エリカの中村への恋心、日南への対抗心を利用することだった。そして友崎の思惑どおり、3人の前でいい格好をするためエリカは球技大会で活躍して、いい気分になっていた。だが球技大会が終わったあと、中村と優鈴が付き合っていることに気づいてしまい、気分を悪くした彼女は平林をいじめはじめた。それを目撃し、止めに入る花火。すると今度はエリカのいじめの標的が変更され、花火がクラスから孤立してしまうことに。日南やみなみ、友崎はいじめを止めるため行動を開始する。一方、花火は決して自分を曲げたくはないけれど、自分のせいでみなみが悲しむのは嫌だと思うように。そして友崎に向かって、自分を変えるための方法を教えてほしいとお願いするのだった。

ウラ技 「エリカが少年野球をやっていたという設定は、野球のうまさに説得力を持たせるためにアニメで付け足しました。某ゲームを意識した画面作りでしたが、あれは『アタファミ』のゲームキャラと動きを作ったスタッフにお願いしました。物語としては、ここから花火にとって辛い展開でしたね」（柳伸亮）／「辛い気持ちのままで終わらせないために、ラストで救いに繋がる描写を入れました」（志茂文彦）

+ 攻略ポイント + +

逃げることも ときには大切

花火は絶対に自分を曲げず、おかしいと思ったことは言うタイプ。そのせいでエリカから疎まれ、いじめの対象にされてしまった。『アタファミ』では逃げ戦術を使う友崎は、そんな花火の最善手は逃げることだと思った。

Staff ▶シナリオ／志茂文彦　絵コンテ／西森 章　演出／松本佳久　総作画監督／矢野 茜、小川エリ(project No.9)　作画監督／都竹隆治、河原久美子

Lv.3

得意技が真逆のキャラクターがいた方が戦闘は安定する

花火から相談された友崎は、彼女がクラスに馴染める方法を考えることに。かつて自分が日南から教わったリア充になる方法を教えたものの、花火はもとから明るい表情などの雰囲気づくりはできている。ならばクラスのみんなが彼女の味方になってくれるような空気づくりが大事だと考えた。その第一歩として、水沢と仲よくなるのを試してほしいと花火に伝えた。水沢は、歯に衣着せぬ発言の数々に戸惑いながらも花火を理解し、「竹井を味方にすればいい」など彼女を助ける作戦を立てた。竹井も彼女の境遇に同情して仲間になり、味方は少しずつ増えていった。一方、日南は花火に「変わってほしくない」と願っており、自分なりに彼女を助ける活動をしていた。しかし、「友崎たちも応援してくれるしがんばりたい」と、花火は自分を変える努力を続けることに。

正面から立ち向かっていったのが間違いだったなんて、私は思いたくない、かな

ウラ技 「水沢と竹井が花火の味方になり、戦力が増えていくエピソード」（志茂文彦）／「『いえーい』と言ったりガッツポーズしたり、今まで見られなかった花火を見ることができます。このあたりから、エリカがいないときの花火は柔らかくなっているのかなと感じます。花火のズバッとした意見に汗タラになる珍しい水沢がいいですね。だんだんとメンバーが増えていく様子を見て、みなみも察するところはあるけどあえて口に出さないところにグッときます」（柳伸亮）

＋ 攻略ポイント ＋＋

失敗しても大丈夫な場所で練習しよう

水沢がまずは竹井を仲間に引き入れようと思った理由。それは彼ならば万が一説得に失敗しても、とくに後を引く性格ではないと思ったからだ。失敗しても大丈夫な状況を作ることは、新たな挑戦をする人には大切なのだ。

Lv.4

staff ▶シナリオ／志茂文彦　絵コンテ／佐藤篤志　演出／ながはまのりひこ　総作画監督／矢野 茜、松本謙一　作画監督／水野隆宏、洪範錫

村人たちにもきっと村人たちなりの生活がある

友崎くんはいつも私の知らなかった景色を見せてくれるんですね

エリカグループによる花火への嫌がらせはまだまだ続く。「エリカが悪」という空気になれば、その雰囲気に耐えられずに嫌がらせをやめると考えた友崎は、花火にもっとクラスに馴染むよう提案。その練習として、これまであまり話したことのない風香と会話してみることを勧めた。友崎に呼ばれ花火と話した風香は、「教室」というお話の登場人物にはみんなそれぞれの悩みや成長があり、それを考えると他人を理解できると、アドバイスをした。帰り道、風香は花火との会話にドキドキしたといいつつも、自分の知らない世界を見せてくれる友崎への感謝を示した。その後、花火は日南やみなみなどに守られながら少しずつクラスメイトたちを味方に取り込んでいく。エリカたちはこの状況が気に食わず、ついに行動を起こしてしまう……。

＋ 攻略ポイント ＋ ＋

隙があったほうがいじりやすく親しみがもてる

みんなから親しみをもってもらうためには、隙を見せて「いじってもらう」ことが大切。いじられても本気で怒らず、場に笑いをもたらすこと。花火はそれが少しずつできるようになっていったことで、クラスに馴染んでいった。

ウラ技「花火に変わってほしくない日南の、憂いを帯びた表情が印象的でした。きっと疎外感を感じているんだろうなと思います。大きな見どころとしては、花火のレベルアップと、ついに風香が友崎以外と接点を持ち始めたところ。個人的には日南が気を利かせて友崎と風香を２人にしようとするときの、みなみの複雑な表情も注目していただきたいところです。みなみの友崎への好意が垣間見えます」（柳伸亮）

Staff ▶シナリオ／屋久ユウキ　絵コンテ／葉摘田緒　演出／ project No.9　総作画監督／矢野 茜、水野隆宏
作画監督／都竹隆治、河原久美子、拾月動画、HANJIN、Ha Seung Hee、Lee Young Mi、Lee Ji Taek

Lv.5

初期装備を鍛え続けたら、だいたい最強の剣になる

――日南葵のことを、もっと深く知りたい。そう思っていた

花火が大切にしているハニワのストラップが壊され、「もう逃げたい」と泣き出してしまった。首謀者であろうエリカに対してみんなが怒りを燃やす中、日南は堪忍袋の尾が完全に切れていた。そして昼休み、エリカは自分の机が倒されていることに気づき、犯人探しを始めた。だがそれは、エリカをグループ内で仲違いをさせようという日南の罠だった。クラス中の空気が「エリカが悪」という雰囲気になったのを見計らい、日南はエリカをさらに責め立てる。泣き出してしまい、クラスから孤立しかけた彼女を救ったのは花火だった。「紺野がやってたことをそのままやってたら、同じくらい悪いことになっちゃうよ」とクラスメイトたちを黙らせ、事態は収束。なぜ日南があそこまでエリカを追い詰めたのか。その真意をめぐるモヤモヤした想いが友崎の中で頭をもたげる。

ウラ技 「ほぼ教室内だけで話が展開するので、視聴者を飽きさせない画面作りをするために試行錯誤しました。精神的にキツいシーンが続くので、観ている方の気持ちが辛くなりすぎないようにしたいという想いもありました。そのあたりは屋久ユウキ先生の見事な脚本に助けられました。花火が教室に馴染んで一件落着したところで、水沢が友崎に『葵が好きだ』と告げる。この緩急がとてもよかったです」（柳伸亮）

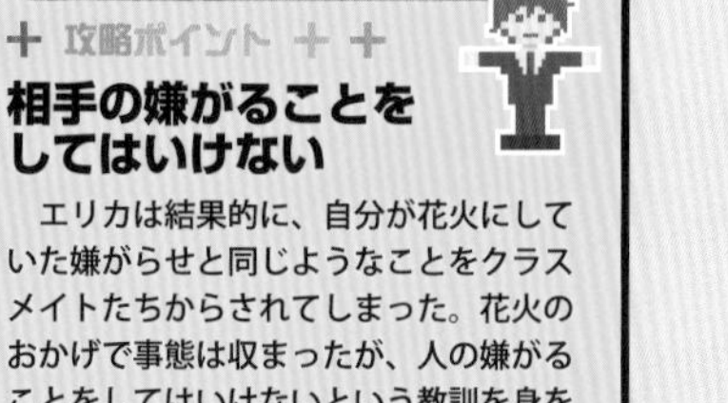

＋ 攻略ポイント ＋＋

相手の嫌がることをしてはいけない

エリカは結果的に、自分が花火にしていた嫌がらせと同じようなことをクラスメイトたちからされてしまった。花火のおかげで事態は収まったが、人の嫌がることをしてはいけないという教訓を身を持って知ることになった。

Lv.6

staff ▶シナリオ／山田由香　絵コンテ／西森 章　演出／まつもとよしひさ　総作画監督／矢野茜、水野隆宏、小川エリ (project No.9)　作画監督／閔賢叔、權勇相、安孝貞、LEE SANG-MIN

大きなイベントの裏にはそれぞれの思惑がある

友崎は日南に、なぜエリカにあそこまでひどい報復をしたのか、その真意を問いただした。「やりすぎだった」と指摘するが、日南も「私にも許せないことがあった」と譲らない。一方、教室は平穏を取り戻し、文化祭が近づいてきた。そんな中、日南は友崎に、新たな課題を出す。それは、クラスでのイメージを上げるためSNS「ピンスタグラム」を始めること。「ラーメンを食べるみなみ」などSNSに上げる具体的な写真イメージも示した。友崎は課題をクリアしようとするが、写真を撮ることに慣れておらず、なかなかうまくいかない。苦難の末、どうにか中村たち男子陣と撮影するという課題だけをクリアした。しかし、積極性がまだ足りないと思った日南は、あらゆる場面で最大限の積極性を見せることを今後の課題とした。そして友崎は文化祭実行委員に立候補することに。

文化祭実行委員として最大限の積極性を見せること。そして…誰と付き合いたいかを決めること

＋ 攻略ポイント ＋＋

どうせなら楽しむという意志を持つ

いままで文化祭は陽キャたちが楽しむものだと思い、自分はまったく楽しんでいなかった友崎。だが今年は違う。みなみからどんなことでもおもしろくする積極性を学び、文化祭を最大限に楽しもうとしていた。

ウラ技「この話数から衣替えで制服が変わります。アニメでは日数の経過を原作より短縮しているので曜日の設定に気を遣いました。うっかりすると10日くらい学校に通いっぱなしになるので、今日は何曜日でこの日は休みで、と細かくカレンダーを用意して山田由香さんに脚本をお願いしました」（志茂文彦）／「友崎の想像シーンのそれぞれの告白顔が魅力ですよね。普通は見られない日南や花火の表情がお気に入りです」（柳伸亮）

Staff ▶シナリオ／永井真吾　絵コンテ／石倉敬一　演出／矢野孝典　総作画監督／矢野 茜、松本謙一　作画監督／HANJIN、Kim Hyeon Ok、Lee Seok Yoon、Park Sang Ho、Ko Seo Young、Hwang You Seon

Lv.7

妖精が住む森にはだいたい大切なアイテムが落ちている

文化祭でのクラスの出し物を決める話し合いが始まった。演劇をすることになり、題目に対してさまざまな意見が出る。そんななか友崎は、「どうせならオリジナルやりたくない？」と提案し、見事採用。そしてなりゆきで監督をすることになってしまった。みなみから応援された友崎は、日南からの写真の課題をクリアするため彼女を中華料理店に誘った。そして彼女と交流をしながら、「ラーメンを食べるみなみ」の写真を撮ることに成功。その後、風香から自分の書いた小説を読んでほしいと連絡を受けた。原稿を受け取った友崎は、未完成だった『私の知らない飛び方』という作品を気に入り、風香を賞賛。そしてこの作品をクラス演劇のシナリオにしたいと提案した。風香は「友崎くんの見ている世界を私も見てみたい」と言い、その誘いに乗った。

友崎くんの背中を見ていて思ったんです。……私もその世界を見てみたいなって

＋ 攻略ポイント ＋＋

言い出しっぺは責任を取るべき

文化祭を最大限に楽しもうとしていた友崎。自分なりに考えた結論が「みんなで考えたオリジナルの演劇をすること」だった。意見を通すことには成功したが、意見を通すということには責任も伴うことを学んだ。

ウラ技 「みなみが友崎に呼び止められて、いかにも『告白するのか !?』みたいな雰囲気を出しながら、結局中華料理店に行く一連の流れが好きです。『かような場所に連れ込むとはねえ～』ってみなみのセリフもお気に入り。ちなみにこのシーンは「3割うまい!!」でお馴染みの『ぎょうざの満洲』さんに許可を取り、皿にお店のマークを入れてもらいました（柳伸亮）／「シナリオ担当の永井真吾さんも、この話数のみなみがお気に入りだとおっしゃっていました」（志茂文彦）

Lv.8

staff ▶シナリオ／永井真吾　絵コンテ／佐藤篤志　演出／松本マサユキ　総作画監督／矢野 茜、水野隆宏　作画監督／都竹隆治、洪範錫、閔賢叔、權勇相、安孝貞

他種族の住む村は主人公だけじゃ入れなかったりする

私は、友崎のそーいうところが好きなんだからね

水沢に誘われ、バイト仲間のつぐみが通う徳静高校の文化祭へ行くことになった友崎。そこは普段であれば男子禁制の女子校だった。女子校に来たら女の子に声をかけるべきだという水沢は、さっそくマコ、サヤカという２人組をナンパ。早々に彼女たちの連絡先をゲットした話術に圧倒された。そんな水沢は女の子にモテるようにしているのは自分を高めるため、そして最終的には日南を振り向かせるためだと説明した。それを聞いた友崎も女の子に声をかけるが会話が途切れ、うまくいかなかった。水沢は「卑屈になるな」と励ましたが、友崎は「自分は女の子を選べる立場にない」とどんどん気持ちが沈んでしまった。そんな折、友崎は、みなみから「好きだよ」と告白されてしまった。告白後、走り去るみなみを友崎は呆然と見つめていた。

ウラ技

「この話数でおもしろかったのは、『水沢に眼鏡をかけさせる』という課題のクリアの仕方。ゲーマーのnanashiらしさがあって、ユニークでおもしろかったです。ほかにも友崎が水沢のイケメンムーブで頬を赤らめたり、風香と写真を撮るときに初々しさを感じさせてくれたり、第１期からは考えられないオーバーワークでした」（柳伸亮）／「あと、みなみの漫才の誘いも受けます。友崎がすごく積極的になったことがわかるエピソードでした」（志茂文彦）

＋ 攻略ポイント ＋＋

モテる男はさらにモテモテスパイラルに入る

「モテるやつがモテる」という水沢の持論。それによると、モテる男は女の子が「取られちゃうのではないか」と疑心暗鬼になり放っておかないため、モテスパイラルに入るという。だからモテることは自分を高めることにつながるのだとか。

Lv.9

Staff ▶シナリオ／山田由香　絵コンテ／西森 章　演出／ project No.9　総作画監督／矢野 茜、水野隆宏、松本謙一　作画監督／星山企劃、Lee Se Jong、Kim Jeong Soon、Eom Ju Hyeong

選択肢の前で迷い続けても物語は進まない

俺が一緒にいたいと思うのは
みみみと菊池さん、
どっちなんだろう……

水沢に恋愛相談した友崎は、なぜ自分がみなみから告白されたのかわからないと卑屈になってしまった。自分を下げるとお前のことを好きなやつが悲しむと諭され、自分の気持ちを整理することに。そして自分が気になっている女の子は、みなみと風香であると日南に報告した。日南は友崎に対して、付き合いたいほうを決め、「付き合いたい異性の条件について話し合う」「５秒以上意図的に手と手を触れ合わせる」「２人だけのおそろいのアクセサリーをつける」という３つの課題をクリアするよう伝えた。思い悩み、みなみとも気まずくなってしまう友崎。そんなとき、風香からみんなが演じやすくするため、物語をシンプルにすべきかと相談を受けた。その際、物語をみんなに合わせるのではなく、元に戻したほうがいいのではと、アドバイスをした。

＋ 攻略ポイント ＋＋

課題ではなく自分の気持ちを大切にする

みなみか風香のどちらかに告白し、恋人を作るように指示する日南。一方、友崎は自分の「告白したい」という気持ちを重視したいと考えていた。「告白する」という事象には、気持ちが伴わなければ意味がないのだ。

ウラ技 「最初の見どころは、水沢の『自分下げて安心すんな』という説教。あれはいいセリフだと原作を読んだときから思っていました。あと風香の小説『私の知らない飛び方』のビジュアルが描かれましたが、こちらも『アタファミ』の画面を作っているスタッフにお願いしています。小説のテキストは屋久先生に書いていただいたものです。ラストシーンの人形と小説が並んでいるところは、みなみと風香を連想させたくて入れた演出です」（柳伸亮）

Lv.10

staff ▶シナリオ／屋久ユウキ、志茂文彦　絵コンテ／石倉敬一　演出／松本マサユキ
総作画監督／矢野 茜、松本謙一　作画監督／河原久美子、洪範錫、拾月動画

石板に刻まれた紋様は世界の謎と繋がっている

文化祭の演劇『私の知らない飛び方』の配役が決定。それに付随してアイデアがどんどん湧いてきたと風香は喜んだ。みなみは風香が友崎といい雰囲気になっていることに嫉妬し、友崎に「文化祭でやる漫才の練習をしよう」と提案し、無理やり外へ連れ出した。そして「１位になれないと特別になれない」と思いこんでいた自分を変えたのが友崎だったから、好きになったと改めて告白。一途なその言葉に、友崎の心は揺れ動く。一方、風香は配役に合わせてシナリオのセリフを調整。そして日南の演じる役・アルシアの人間性を掘り下げるため、日南のことをもっと知りたいと思うようになっていた。そして、友崎たちを伴い日南にインタビューをするのだが、はぐらかすような返事ばかりで取材にならない。そこで日南の中学時代の同級生に話を聞き、日南の家庭環境を少しだけ知るのだった。

インタビューなんて緊張しちゃいそ

ウラ技　「みなみが友崎と風香の会話をさえぎってしまうシーンは、本エピソードの見どころのひとつです。あのシーンはみなみが余裕を失っていることが伝わるように意識しました。後半は『私の知らない飛び方』の話題が中心ですが、台本が友崎のアドバイスで変化していくので、そのぶん演出の差分が増えて大変でした。一見するとシンプルな絵に見えるかもしれないんですが、実際にはかなり手間がかかっています」（柳伸亮）

＋ 攻略ポイント ＋＋

人間の本質を知るには とにかく取材するべき

人間の本質は、見ているだけでわかるものではない。優れた観察力を持つ風香ですら、日南がどうしてがんばるのか、その理由を掴むことができなかった。ときには失敗覚悟で、相手を知るために、直接話を聞いてみるのも大事。

Staff ▶シナリオ／山田由香　絵コンテ／石倉敬一　演出／ project No.9　総作画監督／矢野 茜、水野隆宏　作画監督／ HANJIN、Ahn Min-mi、拾月動画

Lv. 11

妖精も泉の外で一人ぼっちだと寂しい

……私はきっと、理想的な姿でありたいんだと思います。……それこそ日南さんみたいに

本格的にクラスの演劇と、みなみとの漫才の練習も始まった。みなみは当初台本を書いていたものの、普段の友崎との自然なやり取りのほうがおもしろいのではないかと途中で気づいた。それを聞いた友崎は、みなみとの時間はとても心地よいが、付き合うことと友達でいることはどう違うのだろうと思い悩んでしまった。そんな中、風香のシナリオがついに完成。物語の結末は、主人公クリスが友人たちから離れひとりで暮らす決意をするという、友崎の想像と異なるものだった。風香はクリスの決断こそ「世界にとっての理想」なんだと説明するが、友崎はなんとなくその思考に違和感を覚え、このシナリオを採用するか保留することにした。そして、彼女が影響を受けたアンディ作品『猛禽の島のポポル』を読み、自分が風香にどんな言葉をかけるべきかを考えていた。

ウラ技 「この話数の友崎は忙しいですよね。寝る時間があるのかと思ってしまいました（笑）」（志茂文彦）／「風香とは図書室で、みなみとは神社で会うというのが恒例になっていますが、日南とは被服室、花火とは旧視聴覚室と、ヒロインごとにステージが異なるのがユニークだと感じました。あと風香が日南の真似をするところは意外性がありました。第１期のときに話題が出た『猛禽の島とポポル』がようやく繋がってくる話数でもあります」（柳伸亮）

＋ 攻略ポイント ＋ ＋

他人の頭のなかを勝手に決めない

風香は人生という物語を「作者」の目線で見ており、日南のような完璧な存在こそが「世界にとっての理想」と思っているのではないか。友崎はそう考えつつも、決して決めつけず、もっと深く理解しようと努力した。

Lv.12

staff ▶シナリオ／永井真吾　絵コンテ／石倉敬一　演出／ project No.9　総作画監督／水野隆宏、小川エリ (project No.9)　作画監督／閔賢叔、安孝貞、松本謙一、拾月動画

最初の街にある古文書が、ラストダンジョンの鍵だったりする

風香を呼び出した友崎は、『猛禽の島のポポル』を読んで自分が覚えた違和感を話す。それはあらゆる種族と仲よくなっていた主人公ポポルが、炎人という種族とだけは相容れなかったこと。そして友崎は、風香自身が自らを炎人と見立て、クラスのみんなと相容れないから別の世界を探そうとしていると指摘。その思考を『私の知らない飛び方』の結末にも当てはめているのではないかと指摘した。友崎の言葉に感銘を受けた風香は、物語の結末を変更することを決意。友崎はそんな彼女に「文化祭が終わったら話したいことがある」と告げた。そして迎えた文化祭当日、友崎はみなみとの漫才に挑んだ。途中で緊張から頭が真っ白になり、固まってしまったが、みなみのフォローを受けて漫才は無事終了。みなみは友崎と２人きりの時間が終わってしまったことを寂しがった。

うんうん。なにせ友崎と私は夫婦《めおと》なんだから……

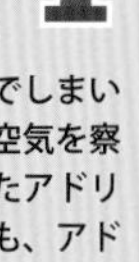

＋ 攻略ポイント ＋＋

夫婦漫才はお互いの失敗をカバーし合おう

漫才の途中で、セリフが飛んでしまい思わず固まった友崎。みなみは空気を察してハニワのストラップを使ったアドリブを行なった。それを見た友崎も、アドリブで応酬。お互いを助け合うことの大切さを教えた漫才だった。

ウラ技「クラス全員にオリジナルＴシャツを着せて写真を撮るカットの作画が大変でした。第８話で登場した女子高生たちが成田つぐみについてくるのはアニメオリジナルの演出です。あと日南は台本の友崎が知らない部分も読んでいるので、彼女だけは風香が告白を断るつもりであると気づいている点もポイントです。みなみがつぐみを見て不安そうな顔になるところやその後の漫才の様子を見ていると、切なくなりますね」（柳伸亮）

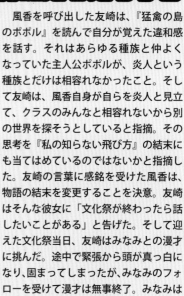

Lv. 13

Staff ▶シナリオ／志茂文彦　絵コンテ／葉摘田緒　演出／ project No.9　総作画監督／水野隆宏、矢野 茜　作画監督／河原久美子、洪範錫、拾月動画

魔法の扉の先にはきっと、欲しかったものが転がっている

庭園で暮らす少女クリス、鍵屋の少年リブラ、王国の姫アルシアの飛竜をめぐる物語『私の知らない飛び方』。その独特な世界観に観客たちは引き込まれていく。舞台の成功を確信する友崎。だが、クライマックスで知らされていないシーンが始まった。それはリブラとアルシアが結ばれ、クリスから祝福の花飾りが届くという結末に至るエピソード。風香がクリス＝自分、リブラ＝友崎に見立ててシナリオを書いていたことがわかり、彼女が自分と付き合う気がないのだと察して落ち込んでしまった。そんな友崎の前に現れたみなみは、劇のやり取りだけで答えを出すなんてよくない、と友崎を激励。背中を押された友崎は、風香のもとを訪れ、自分の風香を想う気持ちを言葉にした。晴れて風香と恋人同士になった友崎だが、リア充を目指す彼の物語はまだ続いていく。

菊池さんのことが好きだ。俺とつきあってほしい

＋ 攻略ポイント ＋ ＋

自分で考えるだけでなく真意を確認する

世界の理想を叶えるためには、リブラとアルシアが結ばれるべきだと考えていた風香。そんな彼女の気持ちを変えたのは、友崎の「好きだ」という素直な言葉だった。『猛禽の島のポポル』の名言どおり、言葉は魔法なのだ。

ウラ技「友崎がみなみに背中を押されてから、風香と図書室で話すまでの絵コンテが緻密ですね。すごく気合が入っているのが伝わります」（志茂文彦）／「日南から出された課題の最後のひとつが『おそろいのアクセサリーをつける』というものでした。これを小説のなかのクリスとリブラがおそろいの花飾りをつけることで達成したと表現するのは素晴らしいアイデアですよね。とてもステキな展開だったと思います」（柳伸亮）

第5章

原作＆スタッフインタビュー

『弱キャラ友崎くん』を生み出した原作者・屋久ユウキと、
メインスタッフの座談会をお届けする。
こだわりのOP＆EDやキャラクターソングの話題も必見。

原作者

屋久ユウキ

自分の〝業〟ともいうべき本質と向き合い成長していく姿を描きたかったんです

さまざまなテーマを編み上げて作る青春劇

——『弱キャラ友崎くん』誕生のきっかけについて教えてください。

屋久　この作品を書き始めた当時、世の中、とくにインターネットに「がんばらないことがカッコいい」みたいな風潮が蔓延してる感覚があって。僕はそれに違和感があったんですよね。なので、決してがんばることだけが正義じゃないけれど、せめて「がんばっている人を肯定しよう」ということをテーマのひとつとして、作品を作りたいと思いました。

——学園を舞台にした理由は？

屋久　描きたい物語やテーマが決まっていたので、なるべく多くの人に、できれば今の時代を生きる若い人たちにメッセージを伝えたいと考え、一番間口を広くしたかったんです。ライトノベルという媒体における王道の舞台でもありますし。複雑な設定をせず、誰もがわかる学園にすることで、解説が不要なぶん描きたい物語に注力できるという考えもありました。

——主人公である友崎が、いわゆる陰キャラ設定だったのは彼の成長を描くためでしょうか。

屋久　それもありますし、もうひとつ狙いがありました。誰かに対する嫉妬や「輝いて見える人なんてくだらない」という気持ちって、実は本質的な悩みじゃないよな、と思っていて。そういう悩みって、あくまで『状況』が生んでるものじゃないですか。自分が嫌だと思う状況をひとつずつ潰していくと、いつか解決することができるんです。だけど、そうやって問題を解決し続けて、当初抱いていた暗い気持ちがすべてなくなって、それでもまだ自分のなかに満足できない部分があるなら、それこそが人にとっての本質的な悩み、いわゆる人の業なんじゃないかと考えていて。そこに感情移入してもらうために、友崎の変化の過程から描いていきたかったんです。

——友崎をゲーマーにするという発想は、どんなところから思いついたのでしょうか？

屋久　執筆を始めた当時はゲームっぽい異世界に転生して活躍する作品が流行りはじめた時期でした。なぜそういう作品が流行ったのかという理由を考えたときに、「パラメーターの存在がわかりやすいから」かなと思ったんです。人は努力が嫌なのではなく、『意味のない努力』をしたくないだけ。むしろ『報われる努力』はしたいと思っているから、レベルアップという目に見える形で努力が叶う話が求められていたのかなって。だったら現実をゲーム的に表現して、主人公が目に見えて成長していく姿を描けば受け入れてもらえると考え、いまの形になりました。

——日南と友崎がカップルにならないのは意外でした。

屋久　たとえば友崎にとって日南が一番大切な人間で、救わなければいけない存在だったとしても、日南を恋人にすることだけが正しいとは限らないわけです。迷っている人が答えを見つけるのにも、人が成長するのにも、必ずしも二人が恋人である必要はない、という僕の考えが反映されているのかもしれません。

——第2期前半で描かれた花火をめぐる一連の問題を描いた理由は？

屋久　花火の場合は最終的にぬいぐるみが引き裂かれるところまでエスカレートしましたが、もっと小さな嫌がらせなら、誰もが見たことがあると思います。大きいか小さいかの違いはあれ、学校のなかで起こりがちな嫌がらせ。もし、そこに自分が巻き込まれたらどうすべきか、自分ならどう解決するか。そういった問題に向きあい、自分なりの答えを導き出してもらいたかったんです。

——屋久先生はキャラクターを生み出すとき、どんな方法をとっているのですか？

屋久　キャラクターの根幹となるテーマを設定して、そこに肉付けしていくやり方を取っています。たとえば日南であれば、一番になりたい、すごいと思われたいなど「他者を基準とした勝利に対して価値を感じる」ということですね。そういったテーマに沿って実際のキャラクターを作っていくので、口調などは後から決まります。この作品を書き始める前に作った設定メモは、いまでも見返しています。

——その設定メモは、本作でもすべてのキャラクターに用意したのですか？

屋久　メインのキャラクターはほぼみんな用意していました。たとえば、友崎は「勝つことではなく、目標を立てて達成していくことに幸せを感じる」とか「自分でモチベーションを生んで自己解決できるパーソナリティ」という設定になっています。それと、「ルールをなぞることも得意だけど、本質はルールを見つけること」というのも彼のテーマのひとつですね。自分の満足をどこまでも追求していくことで、常識にとらわれない新しい発想もできるキャラです。

——みなみ、花火、優鈴、風香についても教えてください。

屋久　みみみは、人に合わせたり空気を読んだりするクセがあり、そんな自分に違和感を覚えているけれど、その能力が人の役に立っているときに自分の価値を感じられている。つまり『利他的であることに依存している』と書かれていますね。また、自分に主役たり得る輝きがないことに暗い感情を抱いているので、それが日南に対する嫉妬や友崎に対するあこがれに繋がっていきます。

たまは、人に合わせたり空気を読んで行動したりすることができない子です。どれだけ多くの人が肯定していても、自分が納得できなければ受け入れられない。自分のなかに基準があるという意味では友崎と似ていますが、自分に自信があるわけではないから集団のなかで関係性がこじれるのが怖い。基準が自分のなかに存在しているので、自分を受け入れてくれる共同体にいれば課題は特にないが、もし自分が共同体のどこかに入りたいと思ったときに問題が生まれる、ということを設定メモに書きました。

　優鈴は他者を思いやって人の痛みを自分のことのように感じることができる子です。だからこそ集団の価値観に合わせがちで、そんな自分に危機感や違和感を持っている。けれど『人の痛みを自分の痛みのように感じる』という天性は事実なので、その矛盾とどう向き合うのか？　ということが書かれています。最終的に、「自分の意志で自分がそうしたいからやった」という結論に至れば解決する、と書かれているので、優鈴は抱えている問題とその解決方法まで最初から決まっていたみたいですね。

　風香はじつは当初、細かく設定はつけなかったんです。というのも、菊池さんは友崎の成長を促す役割として設定されていたキャラだったからテーマがなかったんです。小説では菊池さんの登場する場面だけ、地の文の文体がファンタジックになったり、アニメでも菊池さん専用のBGMがあったりしましたが、それらは現実にはありえないような女の子という点を強調するための演出なのです。ただ、書いていくうちにだんだんと、「あ、菊池さんも人間なんだな」と思うようになって、彼女にはこういうテーマがあってそれはこう解決されるべきだろう、と設定を追加していきました。

——友崎と風香が恋人になる構想は、最初はなかったのですか？

屋久　実は第1巻を書いていた段階だと、「友崎は菊池さんを選んではいけない」とまで考えていました。最初から好意を寄せてくれる女の子と恋人になるのは、友崎の成長というテーマに反すると思っていたんです。ただ原作の第3巻、アニメだと第1期9話以降で、風香が友崎の仮面について話す場面を書いたとき、イメージが変化しました。風香は友崎に「スキルのハイブリッド」に繋がる大事なヒントを与えたわけですが、そのアドバイスができたのは単に友崎にとって都合がいい女の子だったからではなく、小説を書く者としての広い視点を持っていたからこそです。そのテーマが固まると同時に風香も『人間』になっていって、友崎にとって大事な存在になっていきました。

スタッフ・キャストともに最高の布陣で映像化

——ここからはアニメ化が決まったときの感想をお聞かせください。

屋久　アニメ『りゅうおうのおしごと！』を観ていまして、キャラクターデザインの上手さ、ラブコメ演出が見事だと思っていたんです。そのメインスタッフの方々が手掛けてくださると聞き、喜びもひとしおでした。スタッフの皆さんの仕事ぶりもさすがの手際の良さで、安心して作品をお任せできました。

——スタッフとのやり取りで印象に残っていることはありますか。

屋久　柳伸亮監督は、言葉数は少ないですが一言一言が的確で、「その発想はなかった」と思う意見をいただくことも多かったです。シリーズ構成の志茂文彦さんはさすがのベテランっぷりを発揮されていて、脚本上でなんらかの問題が発生したときの対応速度がすこぶる早かったです。経験のなせる技を間近で拝見させていただきました。

——屋久先生ご自身も、第2期5話で脚本として参加されていましたが、こちらはなぜでしょうか？

屋久　志茂さんから依頼があったんです。花火やエリカ、日南などいろいろなキャラクターの思惑が交錯する様を描かないといけない回で、僕も「第5話の脚本を担当する方は大変だろうな」と思っていたのですが、結局自分でやることになるという（笑）。実際とても大変だったのですが、そのときは第1期のOVAや、ちょうど『夜のクラゲは泳げない』でアニメのシナリオを手掛けた経験があったので、なんとか形にできました。

——実際に作業されて、アニメの脚本と小説の違いはどんなところにありましたか？

屋久　小説は書き終えたらそれが世に出ますが、脚本はコンテのあとカッティングを挟んで、アフレコに届けられる。つまり脚本はコンテの設計図なので、自分の伝えたいことを次のパートの人にどうやって伝えるかが大事になってくるんです。そこが小説との大きな違いだと感じました。

——キャスティングには屋久先生も関わっているのでしょうか？

屋久　原作8．5巻の特装版に付属するドラマCDの収録がアニメ制作よりも先にありまして、声優さんはそのときのオーディションで決めさせていただきました。僕の意見も汲んでいただけたので、イメージ通りの配役にしていただけました。重視したのは声質よりもキャラクターらしさを感じるかどうかで、オーディション原稿のセリフも感情のこもっているシーンから選びました。感情を乗せてキャラクターのセリフを言えるか、というところを大事にしました。声がついたことで各キャラクターの魅力がグッとわかりやすくなりました。

——映像化されて印象に残っている場面を教えてください。

屋久　原作にない部分をアニメで付け足していただいたところは、やっぱり印象に残っています。たとえば第1期8話の雨のなかで日南が走っている場面。みみみが日南を見つめているのはアニメオリジナルの演出ですが、みみみの挫折感がわかりやすく伝わってきますよね。みみみは第2期でも友崎と菊池さんが一緒にいるところを何度か見つめていましたが、ああいった場面は友崎の視点から書かれている原作では表現できない部分なので、演出していただけてありがたかったです。

——もし今後新作アニメがあるなら、映像化してほしい部分は？

屋久　一番観たいのはやっぱり日南。日南の本心や考えていることが明らかになる場面は、金元寿子さんの演技でぜひ観てみたいです。それと第2期よりも先の展開、原作第9巻以降は『アタファミ』の重要性が増してストーリーラインにも絡んできます。スタッフの皆さんが作り込んでくださった『アタファミ』の演出がさらに生かされることになると思うので、観てみたいですね。第9巻で登場する新キャラクターのレナもアニメーションで映えそうですし、どのように映像化されるか気になります。

——ぜひアニメで観たいシーンですよね。では最後に、ファンの方へメッセージをお願いします。

屋久　『弱キャラ友崎くん』は「生きるとはなにか」、「仮面と本音」みたいなテーマが込められていて、青臭いテーマではありますが、初めて書いた作品だからこそ勢いのままに自分の書きたいテーマをすべて言語化してやるぞという気持ちで挑んだ作品です。リアルな成長と努力する姿が描かれた友崎を見て、「自分もがんばろう」と思っていただけたならうれしいです。アニメは友崎が恋人を作るという目標を達成して大きな区切りを迎えましたが、原作はまだまだ続いているので見守っていただけたらうれしいです。

【やく・ゆうき】
小説家、脚本家。本作で第10回小学館ライトノベル大賞優秀賞を受賞し、2016年に作家デビュー。TVアニメ『夜のクラゲは泳げない』のシリーズ構成・脚本を担当。

監督
柳伸亮
シリーズ構成
志茂文彦
キャラクターデザイン
矢野茜

【やなぎ・しんすけ】
『超人高校生たちは異世界でも余裕で生き抜くようです』『りゅうおうのおしごと！』などに監督として参加

【しも・ふみひこ】
脚本家、ライトノベル作家。『デート・ア・ライブV』、『痛いのは嫌なので防御力に極振りしたいと思います。』などにシリーズ構成として参加

【やの・あかね】
アニメーター、キャラクターデザイナー。『君のことが大大大大大好きな100人の彼女』、『りゅうおうのおしごと！』などでキャラクターデザインを担当

ボリュームのある内容を魅力的に演出する工夫

——みなさんに『弱キャラ友崎くん』（以下『友崎くん』）の原作小説を最初に読んで、どんなところが魅力的だと感じましたか。

柳　陰キャな主人公がヒロインに導かれて成長していく流れがおもしろくて、スラスラ読むことができました。ただ、会話劇が中心なのでアクション作品と違って動きがつけづらいですし、アニメにするなら観ている方を退屈にさせないような作りにしなければいけないな、と感じていました。

志茂　柳監督がおっしゃったところにも絡んできますが、座ったり歩いたりしながら話す場面が多いですし、基本的な舞台が学校や街中なので、ビジュアル的なおもしろさをどうやって作るか考えました。視聴者が楽しめるための場面作りを意識しなければ、と。物語についてはスクールカーストについて取り扱っていたり、日南のアドバイスも実際に役立つものが多かったりして、思わず彼女のアドバイスどおりに背筋を伸ばしたりもしました（笑）。今まで読んできたライトノベルよりも、実用性の面でも踏み込んだ内容があり、非常におもしろく感じました。

柳　わかります。読んでいると、姿勢を正してしまうんですよね。

志茂　「初対面の人と会うときは事前に話題を考えておく」という話が出たときも、「たしかに！」と思わず頷いてしまいました。

矢野　私はマスクの下で笑顔の練習をするところを読んで、「これは実践したい！」と思いました。ほかにも背筋を伸ばして前を向くことの大切さなど、日常的に使っていけるいろいろなことを日南さんから教えてもらいました。人生をどう楽しんでいくかという内容が詰まっていて、私たちの生き方や考え方を変えてくれるパワーが込められた物語です。学生時代にこの作品に出会っていたら、もっと前向きに学園生活を過ごすことができたかもしれません（笑）。

——フライ先生の絵柄についての印象はいかがでしたか？

矢野　透明感や繊細さといった絵のタッチが、それぞれのキャラや物語とマッチしていて、納得感のあるリアリティでした。アニメで表現するのが難しい部分ではあったのですが、あざとさを感じさせない自然体の魅力が表現されていて素敵です。キャラクターデザインをする際に意識したのは、「自分の色を消すこと」でした。頭身を高めにしたり、目をちょっと小さくして原作絵に寄せたり、挿絵を見ながら調整していきました。とくにフライ先生は髪の毛を繊細にていねいに描かれているのですが、アニメでこの細かさを再現すると作画の労力がとてつもないことになるので、毛束の細かさに関しては、フライ先生らしさを残しつつ、ほどよくデフォルメさせていただきました。

柳　髪の毛のハイライトが特徴的なんですよね。

矢野　フライ先生の絵柄は、薄いハイライトのなかに濃い強い光のハイライトが入っていて、二重構造になっているんです。フライ先生の色使いをそのまま取り入れるのは難しいけど、なんとかして似た雰囲気を再現したくて試行錯誤しました。

柳　髪の二重ハイライトは、線画を見た段階ではどうなるかわからずドキドキしていましたが、実際にできあがった絵を見て矢野さんの実力の高さに感服しました。

志茂　友崎の見た目の変化もそうですし、私服や制服の衣替えなどもあって、キャラクターデザインは難しかったんじゃないですか？

矢野　友崎は少しずつ設定を変えながら書いていきました。最初は猫背の状態だけど、だんだん背筋を伸ばしていって、髪型も変化をつけていって。大変でしたけど、原作で描かれていた友崎の成長をアニメイラストとして上手く落とし込むことができました。

柳　実は、色彩設計の鈴木ようこさんにお願いして、彼のヘアスタイルの変化に合わせて髪の毛の色もちょっと変えているんです。ふんわりとした軽い髪に見せるために。

矢野　あと、友崎で難しかったのは、立ち絵のポージングです。見映えのするポージングっていろいろあるのですが、友崎のキャラクターを考えるとどのポーズも取らなさそうだったので、どうすれば映えるかを考えるのに苦労しました。

柳　水沢はカッコつけたポーズをしても自然だし、竹井も動きのあるポーズが違和感なくハマるし、中村もわかりやすくポージングがつけられる。でも、友崎みたいなキャラクターは難しいですよね。さらに、友崎は姿勢を統一するのも大変でした。１話につき３００から３４０カットほど絵コンテがあるので、多くのアニメーターさんに作画を分担してもらうのですが、猫背が直ったあとのシーンでまた猫背になっ

ているのはNGなので、この場面は猫背で、この場面は少しだけ猫背で、と、うまく指示をして、作画をコントロールする必要があって大変でした。

――日南についてはいかがでしたか？

矢野　みんなに向けた表情は明るくて優しい笑顔、友崎に向けた表情は眉毛がちょっとキリッとした感じ。そんなふうに描き分けは意識しました。

柳　第1期第1話のノーメイクの日南は、よく見ると、その後のエピソードに登場する彼女と細かいところが違うんです。髪の毛のふんわり感も抑えていますし。

矢野　ウルフヘアーですね。ボリュームを抑えて、まつ毛のニュアンスをちょっと変えています。

――会話劇を作るにあたって、意識したことは？

柳　一番大変だったのはアニメの尺に合わせることです。原作において重要な要素を合体させて圧縮させていく、という工程の繰り返しでした。

志茂　なるべく原作のセリフを大事にする形で並べつつ、繋がらないところはこちらで情報を追加しました。ただ、各キャラクターの性格がしっかり決まっているので、オリジナルのセリフが必要なときもキャラクターが自然としゃべってくれて書きやすかったです。だんだん成長していく友崎の姿を書くのも楽しかったな。

矢野　友崎がどんどん変わっていく様子は、本当におもしろいですよね。第1期から第2期にかけて大きく成長して、ビックリしました。

――第1期制作の時点で、すでに第2期の制作・放映があることは決まっていたのでしょうか。

志茂　決まっていなかったです。原作のキリのいいところまでを使って1クール分の構成をしてください、という依頼をいただいていたので、その想定で作りました。

柳　脚本の作り方で言えば、毎回見せ場を必ず作ることは意識していましたよね。

志茂　視聴者には毎話ちゃんと期待していただきたいですからね。一話ごとに導入があって、起伏があって、Bパートに山場があって次話に続く、という作りにすることで、次のエピソードが気になるよう意識しました。とは言え、ひとりで全話担当するのはとても無理なので、杉澤悟さん、永井真吾さん、山田由香さん、そして原作者の屋久ユウキ先生に助けていただきました。とくに屋久先生は打ち合わせにも毎回参加してくださって、原作者という肩書きのアニメスタッフとして尽力していただきました。

柳　屋久先生に「ここからここはカットしていいですよ」という提案をいくつもいただけたおかげで、ボリュームのある原作をアニメ用にまとめきることができました。ありがたかったです。

志茂　「ここは大事にしてほしい」というところも、しっかり言っていただけて作りやすかったです。屋久先生がいてくださったおかげで、打ち合わせ時点で即座に調整できました。

――ちなみに原作第11巻では日南の過去について語られましたが、こちらの内容は第1期の時点で皆さんにも伝えられていたのでしょうか？

志茂　いえ。日南は妹絡みで過去に何かがあったんだろうな、というのは察していましたが、それ以上のことは知らなかったです。

柳　第1期の段階では制作陣にとっても日南は謎めいた存在でした。しかし、第11巻の内容を踏まえて、アニメ第2期の花火が嫌がらせを受ける場面を振り返ると、うまく伏線が張られていることがわかるんです。屋久先生の構成力は素晴らしい。

――第2期の制作現場での思い出についても教えてください。

柳　ストーリーの時系列としては第1期最終話のすぐあとに第2期第1話が始まるのですが、現実の世界では2年ほど制作の間がありました。なにが起きるかというと、友崎役の佐藤元さんの演技力が2年でパワーアップしていたので、そのまま演じていただくと「友崎のイケメン度が急に上がった⁉」となってしまいます。時系列との整合性を取る必要があり、演技の調整をお願いし、佐藤さんには苦労をおかけしました。

矢野　友崎に関しては、第1期のころのボサボサの髪を描くのも楽しかったのですが、ちゃんと髪を整えたバージョンを描くのも楽しかったです。第2期の友崎のキャラクターデザインは油断すると普通のイケメンになってしまうので、目元でジト目感を出した

フライ先生の絵柄を無理なくアニメに落とし込むため試行錯誤しました（矢野）

り、黒目を小さくしたりして第1期のころの友崎らしさを出そうと工夫しました。黒目が小さいと目つきが悪くなりがちなので、そうならないよう眉はフラットに描いて、作画でもイケメンになりすぎないよう抑えるよう意識していました。

柳　髪型で言うと水沢と似ていて、友崎が彼から教えてもらった感が出ていますよね。

矢野　原作のイラストでも水沢寄りの髪型なので、そこは意識しました。

志茂　友崎と水沢って、仲がいいですもんね。

矢野　ヒロイン5人よりも距離感が近いと思います。以前屋久先生がSNSで、水沢もヒロイン枠みたいに扱いながら語っていたのを見たことがあります（笑）。

柳　第2期は耳元で囁くカットもありましたね。そのくらいやったほうがおもしろいだろうと思って第1話のコンテを描きました。

志茂　いわゆる親友キャラですけど、水沢は水沢で日南への恋心を抱えていて、ちょっと危ういところもあるのも物語を魅力的にしています。どのキャラクターも複雑な想いを抱えていて、それがとてもリアルなので、感情移入しやすいんですよね。

柳　かと言ってドロドロした関係になるわけでもないですしね。クリーンでピュアな関係。飲み物にたとえると「喉越しスッキリ」な青春ストーリーでした。

豊富な差分を用意して印象の切り替えを演出

——女性陣を描く際に意識したことについて教えてください。まずは日南からお願いします。

矢野　友崎の前とみんなの前で雰囲気がガラッと変わります。その変化のわかりやすさは意識しました。友崎の前だと素の感じが出ているので、ポージングについても気の抜けたところを見せつつ、ダラッとした印象にはならないように。友崎にしか見せないかわいい顔をすることもあるので、描いていて楽しかったです。原作小説の挿絵とにらめっこしながら、フライ先生の描く日南の要素をできるかぎりうまく拾えるよう試行錯誤しました。日南に限らないのですが、『友崎くん』のキャラクターたちはみんな眉毛の形がシビアなんです。

柳　たしかに眉毛と口の調整は難しかった。同じハの字の眉でも少し角度が違うとそれだけで印象が大きく変わってしまう。

矢野　細かな感情の動きを表情で伝えるには、眉や口元が大切になってきますからね。第2期だと、たまの表情の変化はとくに難しかったです。

柳　友崎と風香を遠くから見つめるみみの表情は矢野さんにお任せしましたが、さすがの表現力でした。キャラクターデザインだけではなく、演出面でも矢野さんにはすごく助けていただきました。

——友崎と日南の関係性にどんな印象を持っていますか。

矢野　私は友崎と日南が付き合わないのが意外だったのですが、おふたりはどうですか？

柳　僕もビックリしました。いつ日南ルートに行くのかなと思っていたら、友崎は風香と付き合う展開になりましたから。

志茂　しかも日南の場合、積極的に友崎の背中を押しているのもおもしろいんですよね。嫉妬も一切しないですし、あまり見たことのないタイプのヒロインです。

矢野　日南の闇の部分を知っているのは友崎しかいないですし、付き合うものと思っていたので、原作を読んだときに思わず「えっ⁉」って声が出ちゃいました。

志茂　でも、説得力のある展開なんですよね。日南はずっと友崎がどう動くか見つめている感じで、「どっちを選んでも私は構わないけど」っていうスタンス。むしろ見守る喜びみたいなものを感じていたんじゃないかな、とすら思えますし。不思議な師弟関係です。ときどき意見の齟齬がありますが、お互いを認めながら高め合っていく関係というか。

柳　恋愛感情はなくて、あくまでも友達でありライバルという感じかな。まともに意見を言い合える仲間が友崎しかいないから、特別な存在になっている気はします。

志茂　友崎は自分の意見を水沢やほかの人に言えるけど、日南は友崎に言っているようなことはほかの人には言えない。アンバランスで目が離せない。そういうところにも心を動かされます。ときどきキツイ言葉を言うときもありますけど、できるかぎり嫌な子には見えないよう気をつけました。

柳　日南にネガティブな印象を持たれたくないですからね。志茂さんが日南に関する細かなニュアンスを脚本に盛り込んでくださってありがたかったです。たしか、第2期第2話は5回書き直してますよね。

志茂　日南に軽く目を伏せさせることで、そこまで言っていいのかをためらっている感じを出したところですね。日南が登場する場面に関しては、細かなニュアンスを盛り込んで書くことが多かったです。

——次はみなみの印象についてお願いします。

矢野　みみみは描くうえでの難しさはとくに感じなかったですが、恋する乙女感が出てくる前と後でしっかり描き分けるよう意識しました。第1期はそこまで乙女感は出さず元気のよさを優先していましたが、第2期で友崎を意識し始めてからは恋する女の子っぽい表情を描く機会が増えました。第

1期と第2期を見比べていただくと、ちょっと違う感じになっているのがわかると思います。

柳　第1期第2話の家庭科室での会話で、友崎のことを「おもしろいやつだな」って感じて、生徒会選挙を経て頼もしさやカッコよさも感じるようになりました。たぶんそのあたりから、友崎への恋心が芽生え始めたのではないかと僕は思っています。

志茂　友崎への恋心をちゃんと自覚したのは、第2期で大切な友達・たまを助けてもらったことがきっかけでしたね。第2期第6話からはとくにわかりやすいかもしれないです。

柳　呼び方に関しても、焦ったときや2人だけのシーンでは友崎呼び、それ以外の場面ではブレーン呼びといった感じである程度分けてあるので、ぜひもう一度観ていただきたいです。

矢野　みみみは、スタッフのなかにもファンが多いですよね。

柳　なんとか幸せになってほしい、って思っているスタッフは多いですね。

志茂　報われてほしいって気持ちになります。みみみが主人公のスピンオフマンガ（『七海みなみは輝きたい　弱キャラ友崎くん外伝』）もありますし、やっぱりファンからも人気が高いキャラクターなんでしょうね。

矢野　ポニーテールが特徴的で、ビジュアル的にも映えますしね。

柳　ポニーテールがあるぶん、うまく動かそうとして作画の枚数が増えたのも印象に残っています。おそらく、一番作画の枚数がかかっているキャラクターです。

矢野　作画枚数が多いぶん、本編でも印象的なカットが多いですよね。

志茂　みみみの次に枚数が多かったのは誰なんですか？

柳　たぶん優鈴ですね。3番目が花火、4番目が日南、5番目が風香かな。動きのあるキャラクターは、やっぱり枚数が多くなります。だから男子のなかだと竹井の枚数が意外と多いんです。

志茂　そっか、竹井も大変なキャラのひとりだったんですね。

柳　登場頻度が少ないわりによく動くので、竹井はかなり多いです。

矢野　ほかの作品だと髪の短い子ってボーイッシュで活発な印象を受けることが多いですけど、『友崎くん』だと真逆ですよね。髪の長いみみみが活発で、短い風香が大人しい。見た目と性格のギャップという意味でも、従来のライトノベルのイメージ通りではない作品だと感じます。

――第2期最終話で、友崎を送り出すみみみのシーンについても聞かせていただけますか。

志茂　しっかり時間を使わなければいけない場面なので、前後をどう繋げるか悩みました。

柳　第2期の制作で大変だったところのひとつですね。

志茂　その後の図書室で風香と話すシーンも長いので、最終話はどこにどの程度の尺を割り当てるか、数話前から綿密に打ち合わせしていました。

柳　それでもコンテラフが上がってきた段階で5分オーバーしていて、これはマズいということであらためて志茂さんに相談させていただきました。

志茂　打ち合わせの段階で「尺が足りなければここを、それでも足りなければここまで削りましょう」みたいな話もしていたんですけど、それらをすべて削っても入らないものですから、かなり苦労しましたね。

柳　アニメの尺って、30秒オーバーくらいなら普通に調整できますし、1分半でもなんとか処理できるんですけど、3分を超えると対処が難しい。なので5分オーバーは本当に調整するのが大変でした。カットしていろいろなシーンをどんどん落としていくんですけど、落としすぎると話の整合性が取れずに空中分解してしまいますから。そこで志茂さんに助け舟を出していただきました。

志茂　むしろ相談していただけてうれしかった。こちらが感謝したいくらいです。最後までしっかりシナリオの面倒を見ることができましたし、そのおかげでとてもいい最終話になりましたから。柳さんも苦しいスケジュールだったと思いますし、本当にお疲れさまでした。

細かな点に気を遣い繊細な変化を表現

――次は風香の印象についてお話をお願いします。

矢野　現代を舞台にした学園アニメでここまで明るい銀髪の子は珍しいので、ちょっとびっくりしました。一見するとショートボブに見えるけど、長い髪が1束ずつ左右からぴょんぴょんって出ているのも特徴的ですよね。私はこういう髪のことをゲソ足って呼んでまして、そのゲソ足とのバランスを取るための髪のボリューム感に苦戦しました。あと明るい色の髪って、毛のなかに描き込んでいる実線も見えてしまうので、描き込みすぎると線がうるさくなってしまうんです。日南のような暗めの髪色なら実線が見えないので描きやすいのですが、風香の場合は線のバランスが難しかったです。

柳　線が少なすぎると今度は真っ白になってしまうので、銀髪をキレイに描くのは難しいですよね。

矢野　第2期のティザービジュアル第2弾、風香とみみみが交差するように立っているイラストがありますよね。あれはイラストということでクオリティを上げるために細かく書き込みました。ただ、そのままだと風香の髪がうるさくなるので、実線の色を変えていただいた覚えがあります。アニメでも、風香の毛の実線に色がついたときにどう見えるかを意識してデザインしました。

柳　風香は眉毛も特別処理でしたね。

繊細な感情の移り変わりを描くために何度も脚本の修正を重ねました（志茂）

このアニメを観てもらった人達の人生に少しでも変化があるとうれしいですね（柳）

風香は色合い的に髪の毛が透けやすくて、眉毛も見えやすい。普通は髪の毛と眉毛は一緒に塗るのですが、そうすると風香の場合は違和感が出てきてしまう。そこで、仕上げさんにお願いして風香の眉だけ色を変えてもらっていました。

矢野　意外だったのは、日南と風香が同じ身長だったことです。最初にキャラクターの立ち姿を並べて身長設定に基づいた対比表を作った際、風香の背丈が思っていたより高かった。内気な子ってポージングも自然と胸を張らないものになるので、そのぶん小柄な印象を受けたんでしょうね。

柳　友崎と一緒でなければほぼ登場出番がないイメージがありますしね。

矢野　ほかのキャラクターとあまりしゃべらないですよね。

柳　そういった点も含めて、風香の表情はとくに作るのが難しかったです。風香が自然体なのは友崎と話すときだけで、ほかのキャラクターと話すときはつねに緊張感を持っています。だから、演出する上でも眉毛の調整に苦労しました。

矢野　友崎以外の誰かと会うたびに新しい表情が出てくるので、表情の差分がとても多い。

志茂　たくさん表情の変化があるのは、風香が安定しているだけのキャラクターではなく、自分なりの生き方を模索しているからなのだと思います。第2期第11話の演劇練習ではみんなに指示を出そうとして四苦八苦していましたが、自分らしくないことにもチャレンジしてだんだんと変化していくところも魅力のひとつですよね。

――風香はどのあたりから友崎のことを恋愛対象として意識していたと思いますか?

柳　明確にここで意識した、というポイントはないと思います。やはり図書室で2人きりで過ごす時間が積み重なっていって、自然と想いが深まっていったのではないでしょうか。強いて言えば、第1期第4話で友崎がじつはアンディ作品を読んでいなかったと誠実に答えたところ。風香の好感度が大きく上がった瞬間かもしれません。

志茂　特定の瞬間にギュッと気持ちをつかまれるというよりは、少しずつ愛を育んでいったタイプでした。

矢野　2人を見ていると「青春しているな」って、うれしくなります。

――次は花火についてお願いします。

矢野　自分を貫くわかりやすい子という印象でした。ただ第1期第8話でみみを抱きしめていたように、包容力も兼ね備えているので小さな身体に大きな心を秘めているんだなって感じました。キリッとした表情だけでなく、優しい目で人と接することができるのが彼女の魅力です。

柳　第2期のティザービジュアル第1弾で、自然体のまま立っていたのが印象に残っています。

矢野　そのティザービジュアルの花火の表情はすごく難しかったです。まっすぐ正面を向いて笑っているけど、普段の笑顔とは違った優しさと強さを兼ね備えた笑顔にしたいと思って描いていました。カッコつけずにそのままの状態、というのは意識しましたね。小さいけど大きい。そんなたまらしさが伝わっていたなら何よりです。

柳　意外と立ちポーズは友崎に近いかもしれないですね。

矢野　版権イラストを描くときは、たまがやらなそうなポーズを描くときもあるのですが、その場合でもキャピッとした感じは出さず、女の子っぽい内股でもなく、フラットな感じで描くよう意識しています。フラットっていう意味ではたしかに友崎と同じ感じですね。描くなかで悩むポイントも友崎と似ていました。

志茂　第2期前半のエリカと揉めるところは、あまり長くなると書いているほうも辛かったので、なるべく早くたま救済チームが立ち上がるように工夫した覚えがあります。

柳　エリカたちの登場する場面は点描的に見せて長引かないようにしつつ、旧視聴覚室で水沢や友崎がしゃべっている場面を多く入れることで重さを軽減しました。重すぎると観るのが辛くなりますし、かと言ってサクッと終わらせてしまっては物足りない。複数話にまたがって重い話が続く展開はバランスの取り方が難しいです。

柳　第2期第5話のたまの心が折れて泣くところはとても重要だったので、矢野さんに託した覚えがあります。

矢野　丁寧にと心がけて、描かせていただきました。

志茂　第2期第1話から第4話の脚本がすべて私になっているのも、構成が難しいぶん、誰かひとりが通して書いたほうがまとめやすかったからです。第5話を屋久先生に担当していただけたのは助かりました。前半で私が集中的に担当したから、後半はほかの方たちにお任せして少しだけ休ませてもらった記憶があります。

――優鈴の印象も教えてください。

矢野　優鈴が一番描きやすかったです。屋久先生にお会いしたときも「優鈴は矢野さんの絵柄に一番合ってそうですね」って言っていただけました。彼女の肉感たっぷりなスタイルも大好きですし、私自身、柔らかいものを描くのが得意なので、胸や太ももなどの肉付きがいいところを描いていてとても楽しかったです。キャピッとさせられるのもいいですよね。全体的にリアル寄りな描写が多い作中の中で、優鈴はアニメ系ヒロインという感じで魅力を出しやすかったです。

柳　とても素直でいい子ですよね。

矢野　いわゆるオタクに優しいギャル。口元にほくろがあって、両耳にピアスを2個ずつ空けていて、そこだけ抜き出すと近寄りがたそうですが、友好的なところがたまらないですね。ギャップが魅力的。

柳　第1期の序盤のほうは友崎を警戒

していましたが、それでも見下すようなことはなかったですし、『アタファミ』を教わってからはすごく距離感が近くなりましたよね。

矢野　仲間と認めた相手に対するギャル特有の距離の詰め方ですね。でも、さすがにいきなり高校生男子を部屋に呼んだのはおどろきました。

志茂　それだけ中村と仲良くなりたくて追いつめられていたんでしょうね。

柳　優鈴に関連したところで言えば、彼女がバドミントン部に所属しているっていう情報は第1期で泣く泣くカットした部分です。友崎の妹もバドミントンをやっているので、どこかで絡ませることができないかなとは思っていたのですが、それを入れるだけの尺がなかった。優鈴の部屋にバドミントンのシャトルが置いてあるのは、なんとか部活の要素を出したかったという気持ちの表れです。

矢野　たしかに、私もそれぞれのキャラクターの部活中の姿はもっと描きたかったです。第1期の放送時に日南の陸上部姿をSNSにアップしたのですが、本編でも描いてみたかったです。

柳　優鈴はおっとりしているように見えて、意外と運動神経もいいんですよね。矢野さんがおっしゃるとおり動かしていて楽しいキャラクターでした。

志茂　人間関係で困っているところもかわいかったです。彼女も幸せになってほしい。

柳　普段はほかのキャラクターからイジられて受け身になることが多い友崎ですが、優鈴と話しているときは意外とイジる側に回ることが多くて。友崎のツッコミが冴えわたってます。みみみは反撃してきますが、優鈴は照れてイジり返せないところも魅力的。

矢野　友崎の言葉を真に受けちゃうところもいいですよね。

さまざまな思いが詰まった『友崎くん』という物語

——ここまでいろいろなキャラクターの印象を聞いてきましたが、皆さんのお気に入りや〝攻略〟してみたいと思うキャラクターを教えてください。

矢野　キャラクターの名前を呼ぶときは名字で呼ぶことが多いのですが、たまに関しては最初からすんなり「たまちゃん」って呼ぶことができました。呼び方の違いはそのまま心の距離感の違いだと思うので、彼女には最初から近しいものを感じていた気がします。あまり悩まずスパッと決断できるところも自分と相性がいいと思いますし、一番友達になりたいのは、たまかな。

志茂　素の部分が気になるのは、紺野エリカです。心の底から悪いやつではないし、友達思いな一面があることも描かれているので、エリカの内面にあるものをもっと知りたいです。アニメスタッフにいてくれるとありがたいのは友崎です。マジメですし、なまけることもなさそう。日南は裏でいろいろ画策しつつもクオリティの高い作品に仕上げてくれるイメージ。

柳　友崎がいれば、本読みや打ち合わせのときに場をいい感じの雰囲気にしてくれそう。

志茂　そういう視点でいくと、風香はシナリオライターとしていてくれると助かります。

柳　でも風香は頑固なところがありますから、意見を交わす時間が長くなりそうです。

矢野　「ここは譲りたくない」っていう意思ははっきり示しそうですよね。

柳　どのキャラクターにもいいところはありますが、僕も志茂さんと同じでエリカはいいキャラだなって思います。若い世代の方からすると「なんだこいつは！」と思われるかもしれないですが、おじさんとして言わせていただくと「若い頃って矛先を間違えることもあるよね」と同情してしまうんです。人形を切り裂くのはやりすぎだったと思いますが。

矢野　大人の余裕ですね。

志茂　そう言えば、たまよりも前に嫌がらせを受けていた平林美由紀って子がいますよね。個人的にはああいうタイプの子も好きなんですよ。原作だとたまが嫌がらせの対象になってからは出番がないけど、アニメではクラスメイトのひとりとして何度か背景に入れました。

柳　第2期第12話の集合写真を撮るところ。平林も含めたクラスの眼鏡女子3人を近くに配置しました。気付いた方がいるかはわからないのですが、眼鏡同盟になっています。

志茂　ああいった演出になるとは思っていなかったですが、近しい者同士で上手くやれているんだな、というのを感じてよかったです。平林さんの笑顔で心があたたかくなりました。

柳　こうやって話していると、制作自体はずいぶん前ですが思い出せるものですね。

志茂　第1期の制作は、もう5年ほど前ですし。

矢野　立ち上げのころがもう懐かしいですよね。

志茂　あらためて振り返ると、すごく濃密な物語でしたね。教室という限られたスケールのなかで展開する話ですが、それぞれに抱えているものがあって、気持ちがぶつかって、錯綜して、とてもやりがいのある作品でした。

柳　関わることができて楽しかったですし、ありがたかったですよね。

——最後にファンの方へのメッセージをお願いします。

矢野　学生時代は自分のことに精一杯で、クラスのカーストなんてまったく気にせず過ごしてきましたが、当時この作品に触れていたらもっと視野を広げて人生を楽しむことができたような気がします。周りにまだ観ていない方がいましたら、ぜひ勧めていただきたいです。

志茂　制作する側としても、作っていて啓発されるところがある作品でした。今まで作ったことがないタイプのアニメだったので新しい挑戦もできましたし、屋久先生にもご協力いただけて、とても幸せな制作環境でした。アニメをご覧になった方が何か人生の参考になるようなものを得られたなら、このうえない喜びです。

柳　歳をとるといろいろなことに対してズボラになっていきますが、『友崎くん』を読んだことで、自分を見つめ直すことの大切さに気づくことができました。基本的だけど大切なことがたくさん詰まった作品だと思います。観た方に、小さくてもいいので何か変化が起きたならうれしいです。最後までアニメを観てくださりありがとうございました。

神曲コーナー

成長、青春、恋愛、人生……。さまざまなテーマが描かれた物語をカラフルに彩ってくれた素敵な音楽を、映像とともにプレイバック♪

弱キャラ友崎くん OP
人生イージー？
DIALOGUE+

作詞・作曲：田淵智也
(UNISON SQUARE GARDEN)
編曲：田中秀和（MONACA）

++++++

にぎやかなサウンドにのせて、「がんばって！がんばって！君の時代だ！」と、背中を押してくれる心強い一曲。イントロのピコピコ感が懐かしいゲームのようでかわいい。

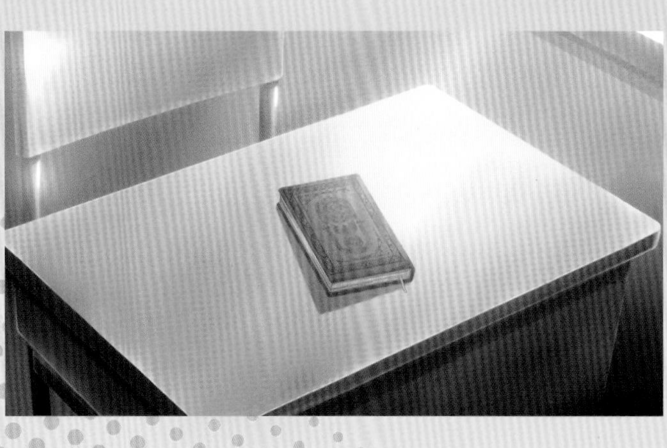

弱キャラ友崎くん ED

あやふわアスタリスク

DIALOGUE+

作詞・作曲：田淵智也
(UNISON SQUARE GARDEN)
編曲：広川恵一（MONACA）

＋＋＋＋＋

誰もが思春期に抱く、明確に言葉にできない“あやふわ”な想いに寄り添ってくれる優しくも切ない一曲。ED映像に登場するSDキャラがとってもキュートだ。

弱キャラ友崎くん 2nd STAGE **OP**

イージー？ハード？しかして進めっ！

DIALOGUE+

作詞・作曲：田淵智也
編曲：伊藤翼

第1期OPと同じく、リスナーを勇気づけてくれる人生応援ソング。緻密に計算されたストリングスや電子音が楽しいテンポを生み出しており、心がワクワクしてくる。

弱キャラ友崎くん 2nd STAGE ED

誰かじゃないから

DIALOGUE+

作詞：大胡田なつき
作曲・編曲：成田ハネダ

＋＋＋＋＋

ポップなメロディにのった歌詞は「誰かじゃない僕でいたい」と、自分の内面と向き合う内容だ。掛け合いのパートはライブなどでも盛り上がりそう。

キャラクターソングギャラリー

本作ではヒロインたちに寄り添ったキャラクターソングが発表されている。ここではキャラクターソングの紹介と、歌に込めたキャスト陣の想いを紹介♪

CHARACTER SONG ❶

日南葵「Real Life Attack」

作詞・作曲・編曲：柳舘周平

Comment by 金元寿子

日南葵という人物の解像度がとても高くなる歌詞です。アニメでは描かれていない感情も歌詞に盛り込まれていて、「そうか、こんな気持ちもあったんだな」と気づく面がありました。ゲームっぽいピコピコした音が入っているところも葵の『アタファミ』好きが表れていていいですよね。自分のなかではカラオケで盛り上がっているような楽しい感覚で歌いました。「弱い弱い弱い弱い今日」のところはより感情を込めて歌ったり、「おにのごとく、ただしい」はいつも「おにただ！」と言っているときのビシッとした感じで歌ったりと、強弱をつけました。

CHARACTER SONG ❷

泉優鈴「恋する女子はユズれない」

作詞・作曲・編曲：TOKOTOKO

Comment by 稗田寧々

恋する乙女の楽しいけどドキドキな時期を表している曲なので、優鈴が修二に抱いている気持ちを意識しました。「長いものに巻かれず私でいられたら」というフレーズがすごく優鈴っぽいですし、「ジャンプからの空後」みたいに『アタファミ』要素のあるフレーズもあって、歌詞へのこだわりを感じました。とくに「見逃さないで、些細なところも」の部分は、ラストスパートに向けて優鈴の想いをグッと出したのでぜひ注目していただきたいです。かわいさにあふれた優鈴らしさを出すために、声だけでなくニュアンスひとつ取ってもかわいらしさが強調されるよう語尾にも気を遣っているんですよ。

CHARACTER SONG ❸

七海みなみ「STAND BY みー！」

作詞・作曲・編曲：林直大

Comment by 長谷川育美

この曲はとにかくキーが高くて大変でした。裏声を使っても歌えるのですが、元気さがなくなってしまうので避けたかったんです。「意地でもパワーを出してやるぞ」と、地声で歌えるように毎日練習して、普通に高音を出せるようにしました。第１期のときに出た曲ですが、第２期の友崎への恋心が歌詞に含まれていたので、好きな人ができた高揚感やワクワク感、毎日が楽しくて仕方ないという気持ちを詰め込んでいます。第１期のみみみが元気いっぱいな時期だからこそ仕上がった曲だなって思います。

CHARACTER SONG ❹
夏林花火「私の心の伝えかた」
作詞・作曲・編曲：Akki

Comment by 前川涼子

歌詞が第２期の内容まで含まれていてビックリしました。「いまひとつの心と空の模様、晴れに向かうように一つ決めた」ってフレーズは、たまの決意を表していますし、「正しさを貫くだけじゃ届かない言葉があるなら響かせよう、伝えよう」とか、まさに第２期のたまそのものです。「心から、さあ…届け!!」のところが難しくて、OKが出ても私のなかで「届け感」みたいなものが出ていない気がして、もう１回やらせてくださいってお願いしました。このときは先にたまを演じながら歌詞を読み、そのあとにレコーディングしたんです。演技の延長で歌うことができたので、たまの優しさと強さが共存した歌声になっていると思います。

CHARACTER SONG ❺
菊池風香「ひら、ひらり」
作詞：林直大
作曲・編曲：椿山日南子

Comment by 茅野愛衣

最初は風香が歌っているイメージを想像できなくて、どのような方向性で歌うか難しかったです。スタッフの皆さんと相談して、その場で方向性を決めてレコーディングに臨みました。「ひら、ひらり」に関してはゆったりした曲だったので、風香が合唱で歌っているようなイメージができたんです。なので合唱曲のようなニュアンスを入れながら、歌わせていただきました。

CHARACTER SONG ❻
日南葵、七海みなみ、菊池風香、夏林花火、泉優鈴「カラフルエンドエピローグ」
作詞・作曲・編曲：HAMA-kgn
(Felion Sounds)

Comment by 前川涼子

「カラフルエンドエピローグ」は、ヒロイン全員の思いが込められた楽曲です。ぜひ歌詞と合わせて聴いていただきたいですね。私が好きなのは風香のパート「好きな色を選べるように　空も街もモノクロだった」というフレーズ。いま改めて聴くと第２期の内容を思い出して、絶対に感動できるはずです！（本書 p.45 より一部抜粋）

Comment by 茅野愛衣

「カラフルエンドエピローグ」はみんなで歌う楽曲ですけど、ほかの曲の勢いに合わせて歌おうとすると風香らしさが出せなくて大変でした。できるだけ音が静かなところに風香のソロパートを入れていただけたのはありがたかったです。とてもやりやすいレコーディング現場になりました。

CHARACTER SONG ❼

七海みなみ＆菊池風香「つづきから」

作詞・作曲・編曲：林直大

Comment by 長谷川育美

1番はみみみ、2番は風香だけで歌い、最後は交互に歌うという構成になっています。恋心の深い部分が反映された曲なので、歌い方も「STAND BY みー！」とはぜんぜん違って、裏声も積極的に入れるし張り上げすぎないよう意識しました。歌っている途中で、涙があふれ胸が痛むくらい繊細な気持ちを詰め込みました。

Comment by 茅野愛衣

長谷川さんが先に収録したんですけど、風香と一緒に歌ったときに違和感がないようにということで、声を張り上げず少しひかえめに歌ってくれていたんです。だからとても合わせやすかったですね。歌い方としては、最初は風香らしく歌詞のひとつひとつを大切にして歌おうと思っていたんですけど、メロディラインを聞いていると歌詞よりも音に合わせたほうがステキな曲になると感じて。第2期でたまと話していたときのような、饒舌に話せるようになっていたときの風香をイメージして歌いました。最後のほうにみみみと声を合わせるフレーズがあったんですけど、そこも2人のよさが生きるよう調整しながら録っていきました。歌うなかで風香のストレートな気持ちを込めたので、ぜひ聴いてみてください。

『弱キャラ友崎くん』エンディングテーマ

「あやふわアスタリスク」

描きおろしアニメイラストアナザージャケット

『弱キャラ友崎くん』オープニングテーマ

「人生イージー？」

描きおろしアニメイラストアナザージャケット

CDジャケットイラストギャラリー

『弱キャラ友崎くん 2nd STAGE』
OP＆EDテーマ

「イージー？ ハード？ しかして進めっ！」

描きおろしアニメイラスト
アナザージャケット

作画／矢野茜
仕上げ・特効／鈴木ようこ

第6章 設定資料集

『弱キャラ友崎くん』の背景・プロップ設定を大公開。
友崎たちの暮らしをリアルに表現するための細かな設定に注目だ。

背景設定集

本作を彩る背景設定を紹介。友崎たちの通う学校や日常を過ごす街の風景の数々を演出してきた設定だ。

友崎たちの通う高校
関友高校全景

友崎たちの通う高校は、体育館やグラウンドが2つあるなど広い学校のようだ。旧校舎はあまり人が来ないため、友崎たちが利用していた。

全景

見取り図1

見取り図2

2年2組教室

神前	～翔	夏林	平林	～賢人	～和世
～拓哉	上田	～直人	秋山	～冬樹	水沢
～明空	柳澤	中村	清水谷	竹井	柏崎
～智樹	瀬野	～春	紺野	川口	橘
泉	友崎	上原	橋口	七海	松本
菊池	～誠	～男太	日南		

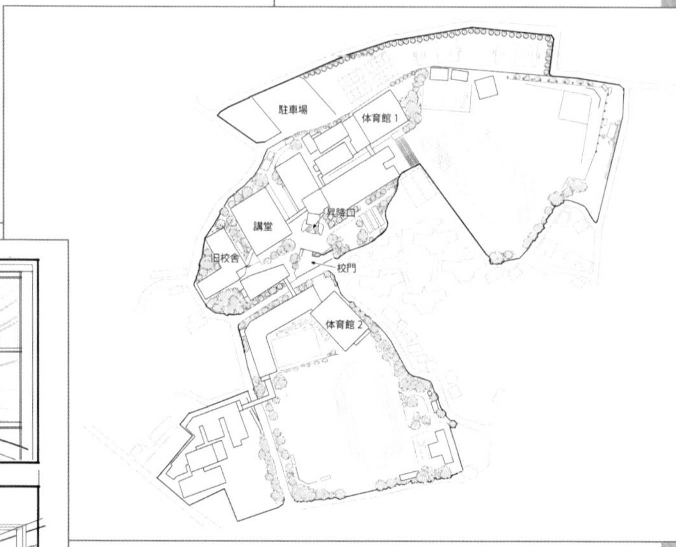

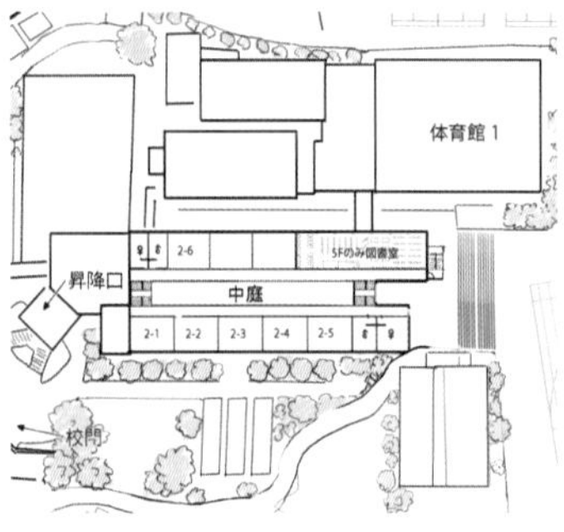

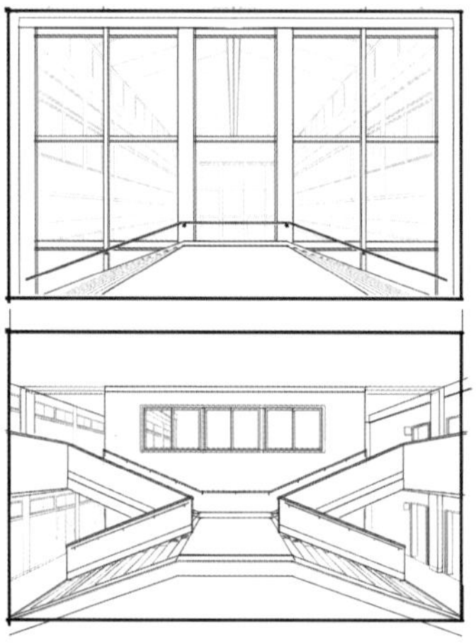

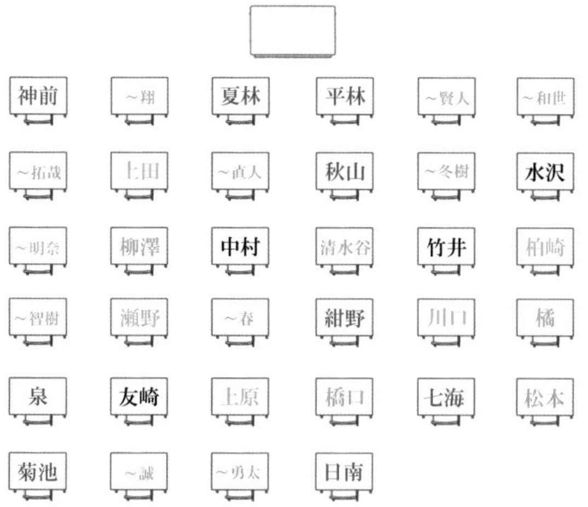

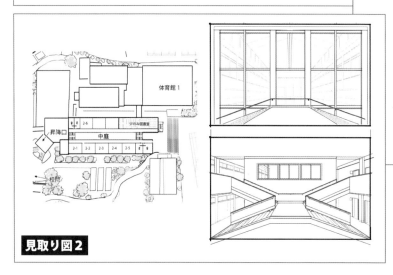

体育館

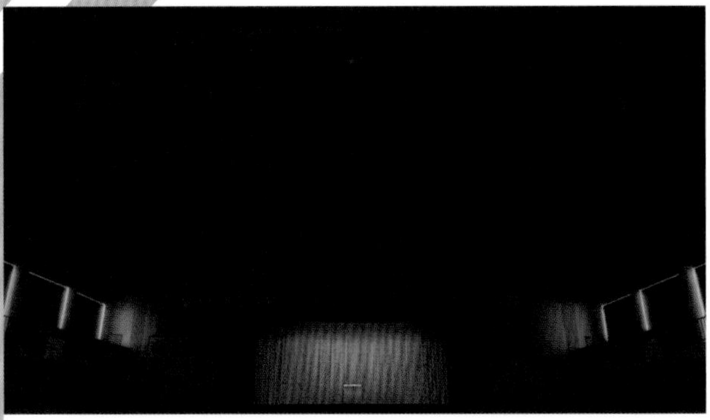

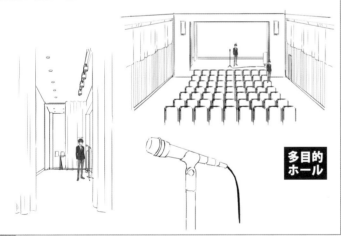

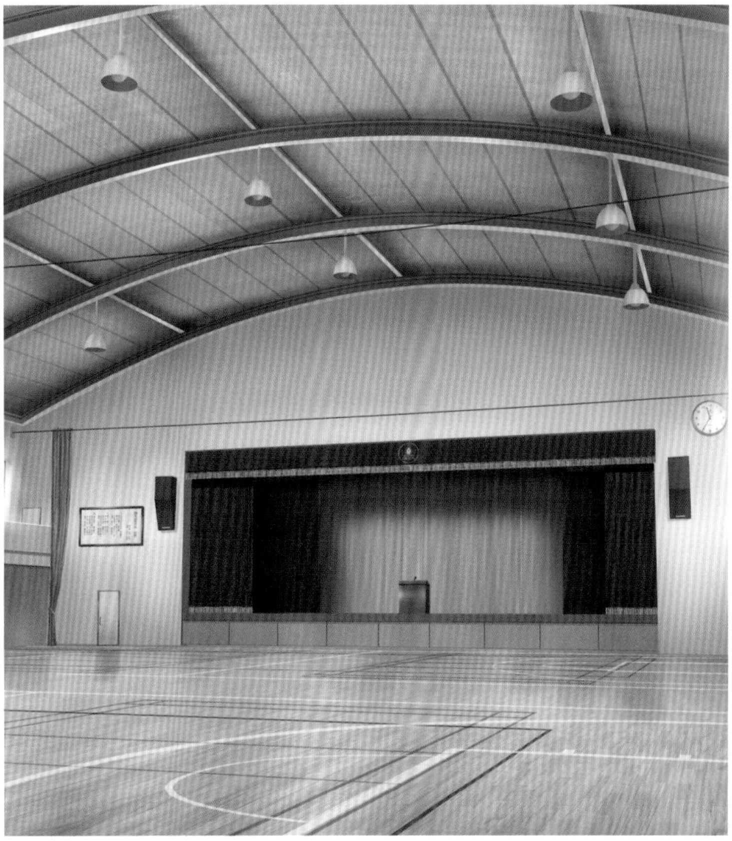

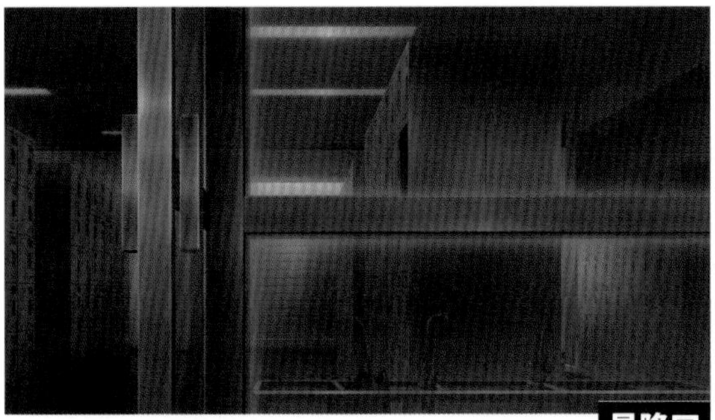

昇降口

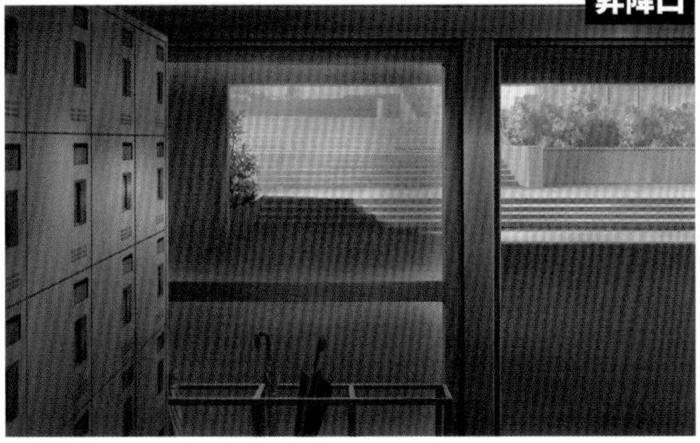

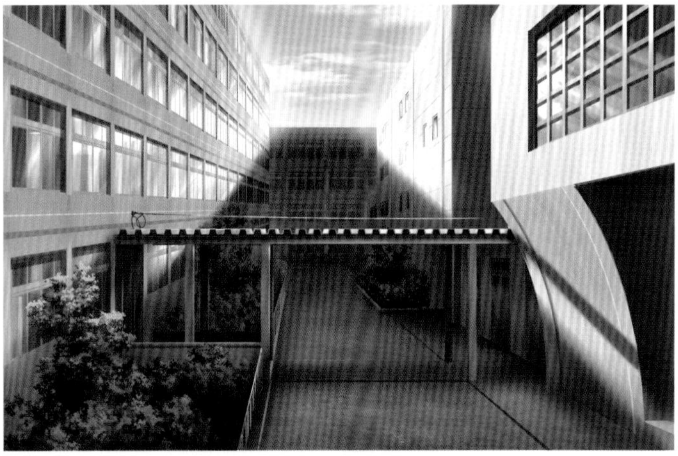

渡り廊下

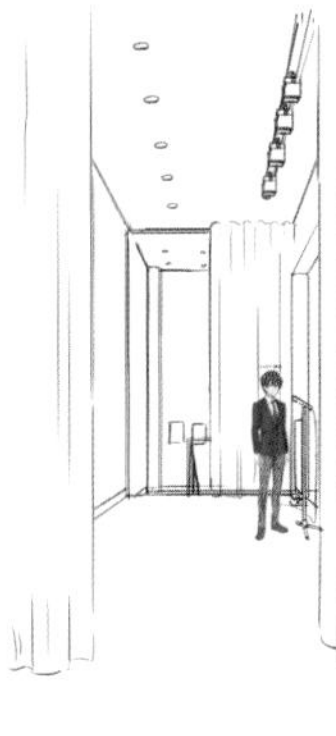

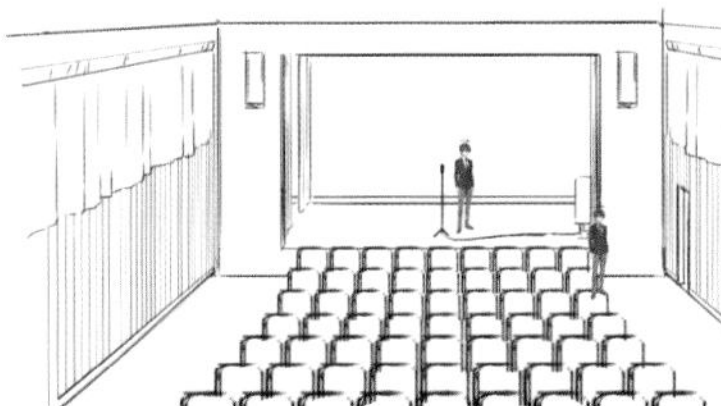

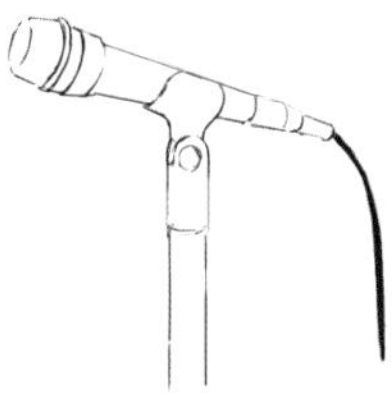

多目的ホール

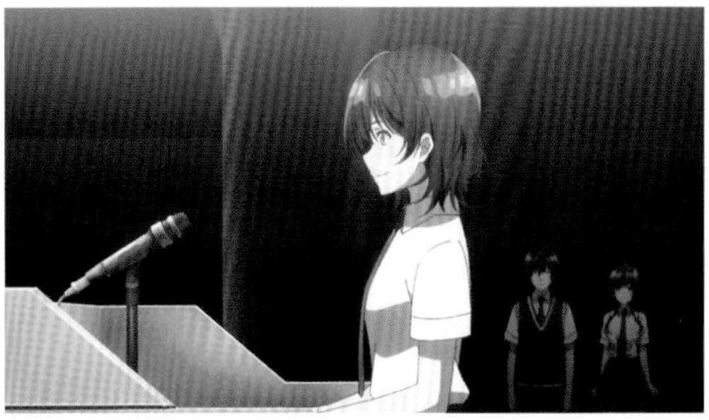

屋上

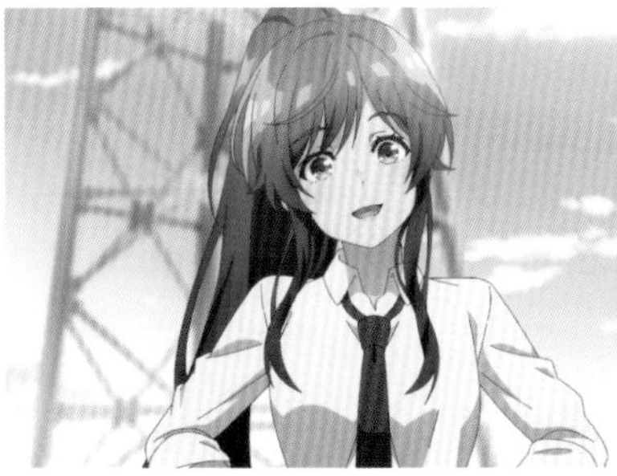

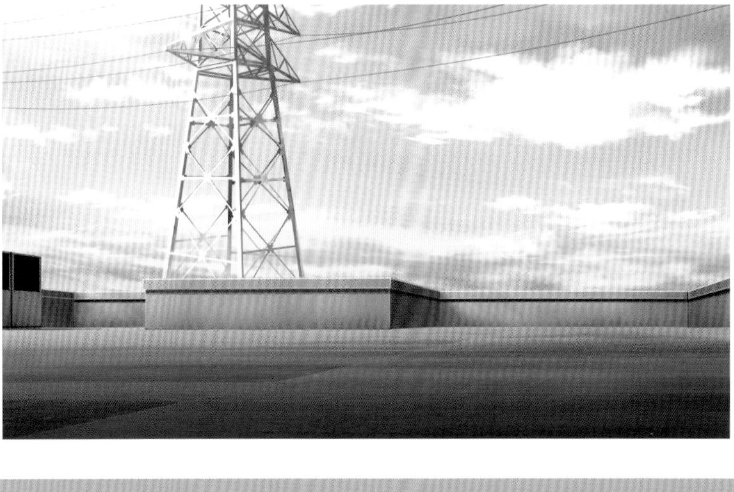

関友高校校舎（一部）

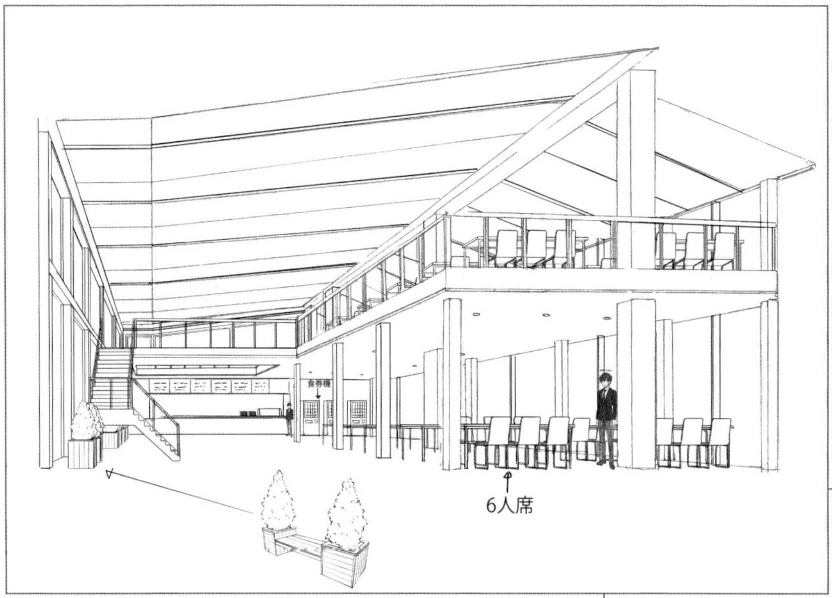

食堂

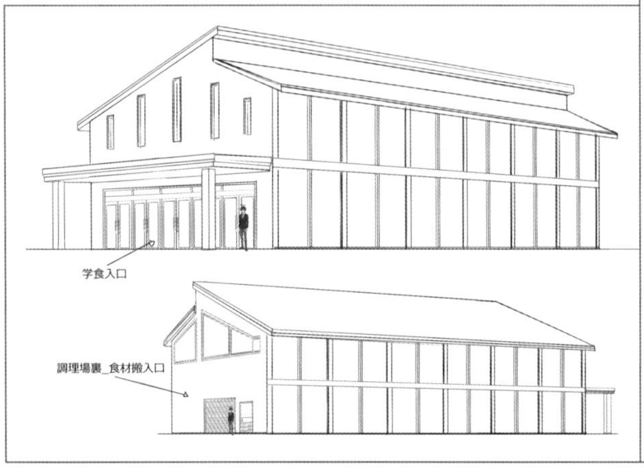

図書室

PC室

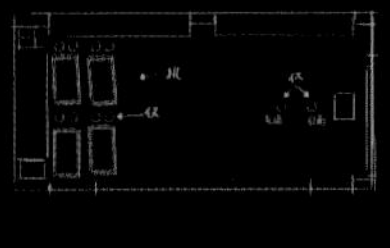

第２被服室

旧視聴覚室

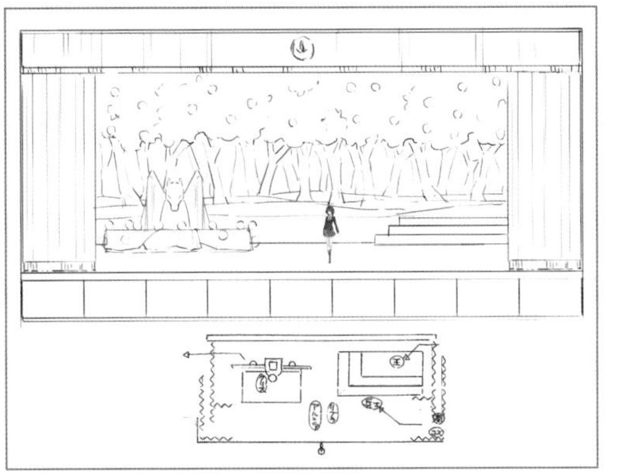

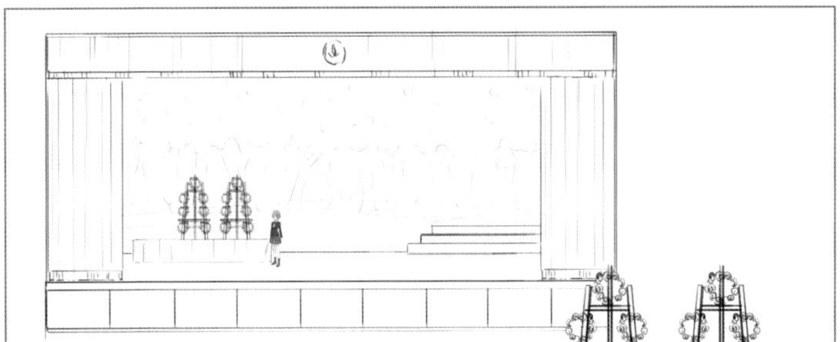

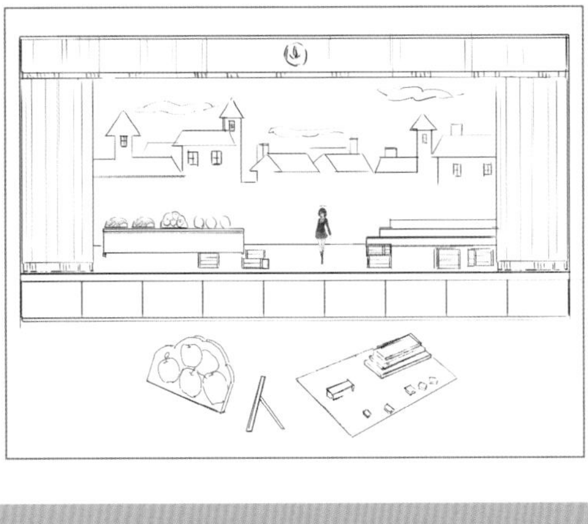

『私の知らない飛び方』
舞台設定

友崎家

広めの一軒家に、友崎と父母、妹の４人で暮らしている。友崎はほとんど自分の部屋で過ごしているようだ。

友崎の部屋

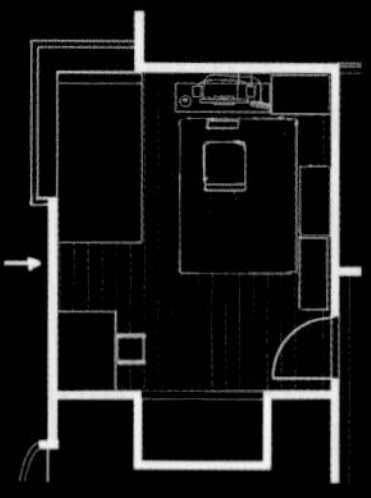

リビング

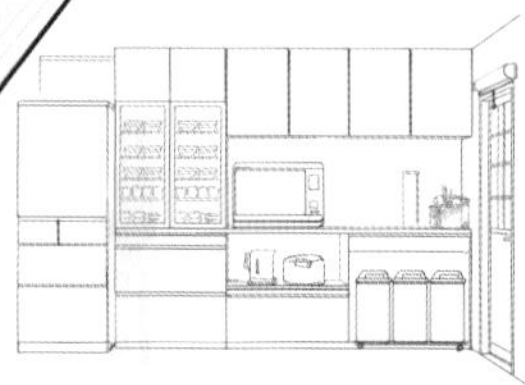

見取り図

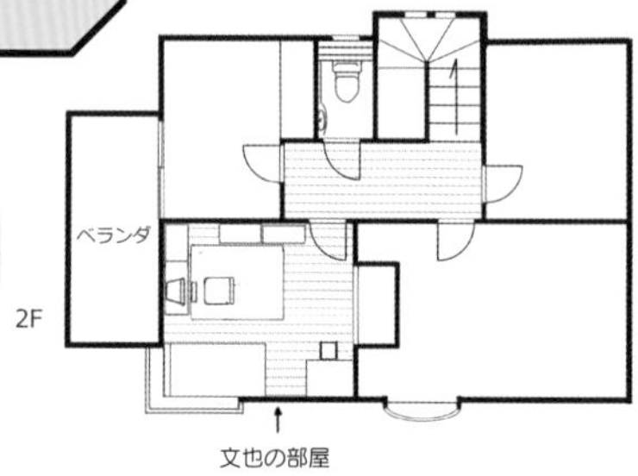

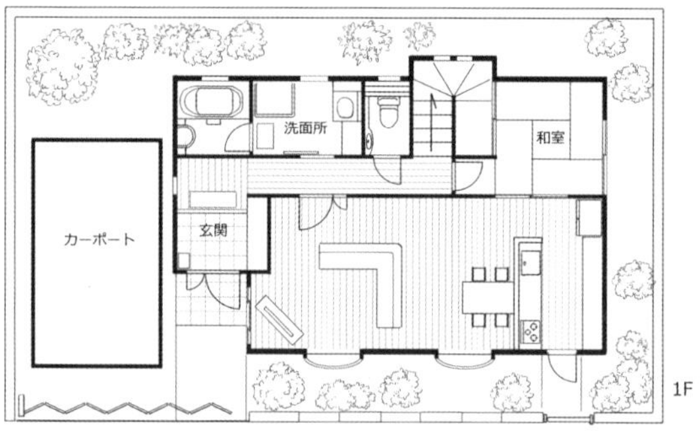

外観

日南家

友崎が第１期第１話に初めて訪れた日南の部屋は、小ぎれいに片付いている。彼女の部屋以外の詳細は不明だ。

日南の部屋

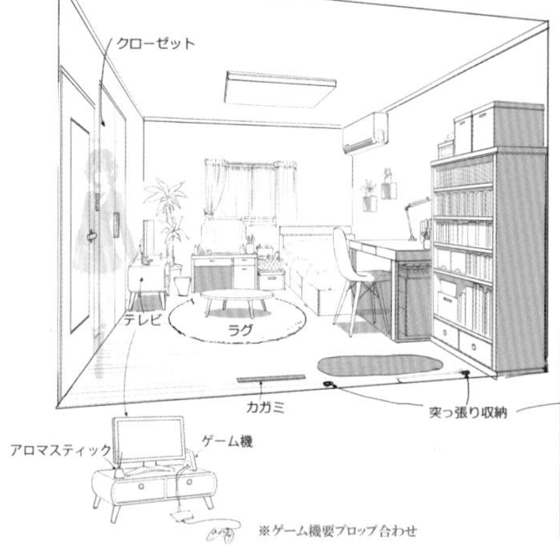

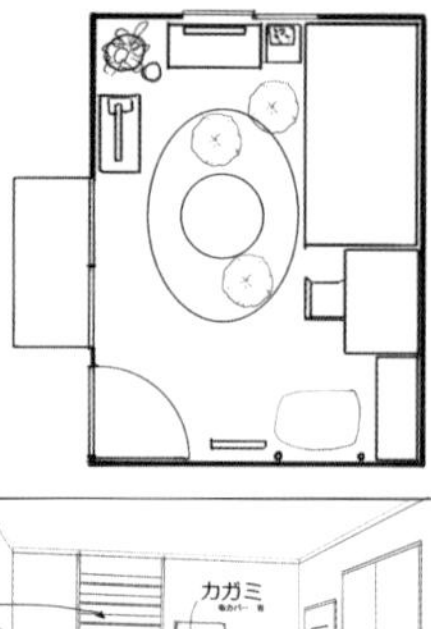

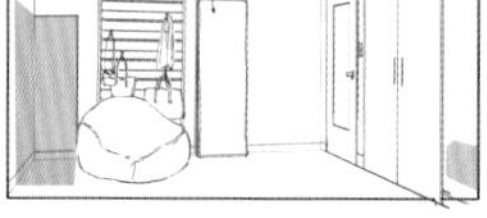

七海家

みなみの家族はマンション住まい。第1期第9話で友崎たちが一度訪れたが、そのときは中には入れなかった。

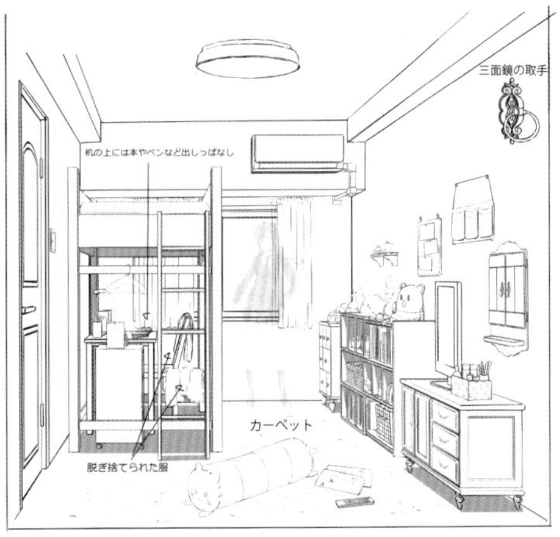

みなみの部屋

三面鏡の取手

机の上には本やペンなど出しっぱなし

カーペット

脱ぎ捨てられた服

クローゼット
引き戸タイプ

泉家

第1期第4話で友崎が訪れた部屋。ピンクを基調としたかわいらしい部屋で、壁には友達との写真が貼られている。

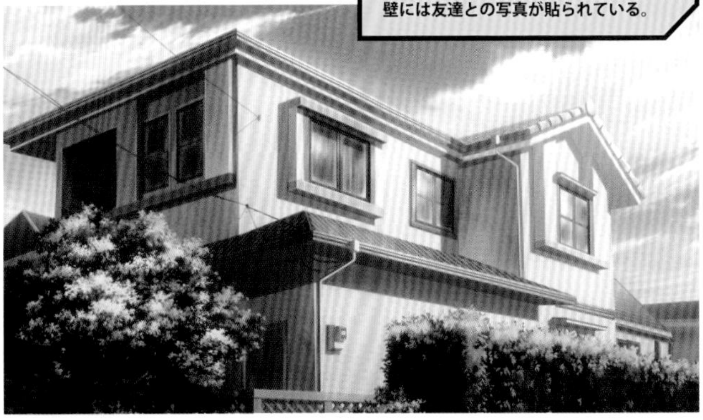

優鈴の部屋

クローゼット

廊下

テレビラック
クローゼット
カーペット
テーブル
メイクボックス
ゴミ箱
ベッド
デスク

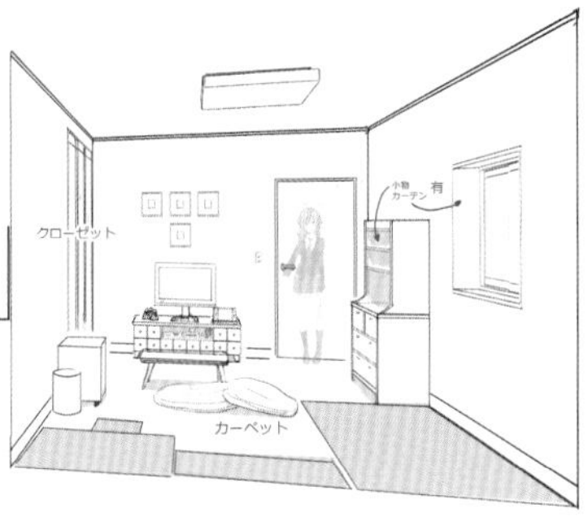

友崎と優鈴が会話した
屋上庭園

第1期第5話、中村へのプレゼントを買いに来た友崎と優鈴が会話をした場所。駅ビルの屋上庭園のようだ。

友崎と日南が出会った
コンビニ

友崎と日南が最初にオフで待ち合わせた、思い出の場所であるコンビニ。第1期第12話でも印象的だった。

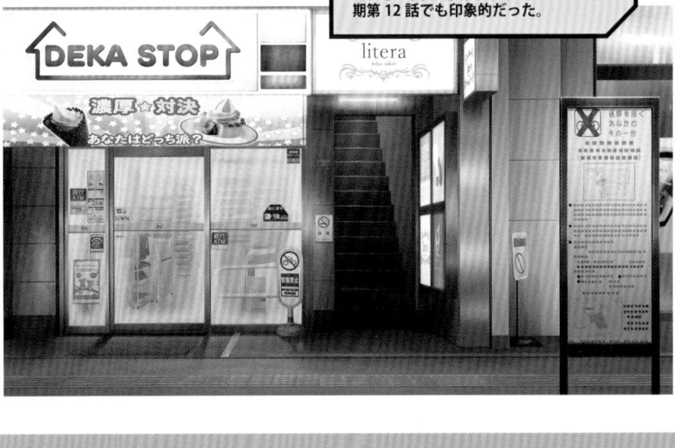

風香がアルバイトする
ハンバーグ店

第1期第3話に初登場。クラシックな外観・内装で、従業員の服装もかわいく、とても素敵な雰囲気だ。

友崎と日南が一緒に行った
カフェ

第1期第4話で友崎と日南が訪れたカフェ。友崎はここで日南を試写会に誘うも、断られた。

友崎と風香が訪れた
喫茶店

第2期から友崎と風香が何度も訪れた喫茶店。日常の話題や創作の話など、いろいろな話をしていた。

友崎たちの夏の思い出の場所
キャンプ場

第1期第10話で友崎たちが訪れたキャンプ場。川遊びやバーベキューができ、ログハウスで宿泊も可能。

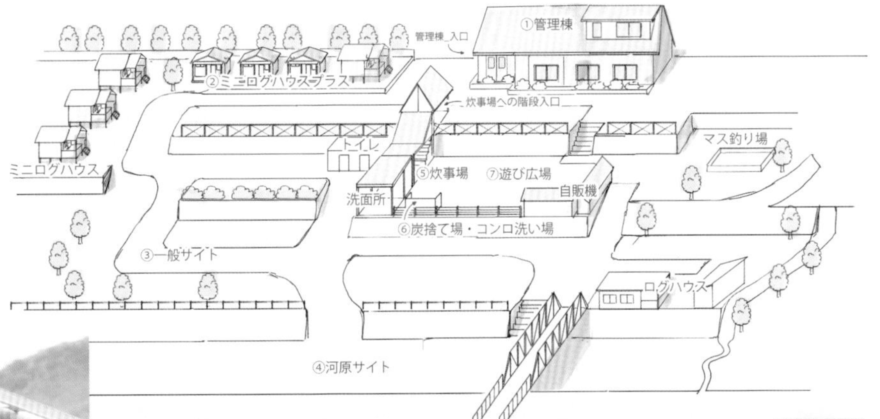

遊び場

見取り図

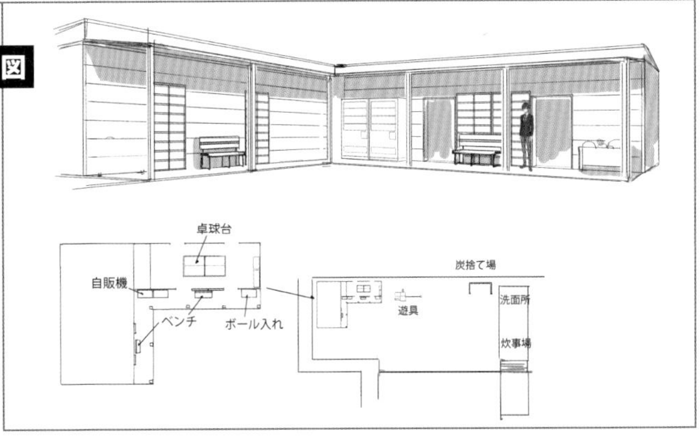

友崎たちが文化祭で訪れた
徳静高校

つぐみの通う高校で、第2期第8話で友崎と水沢が訪れた。女子校であり本来は男子禁制だが、文化祭で入れた。

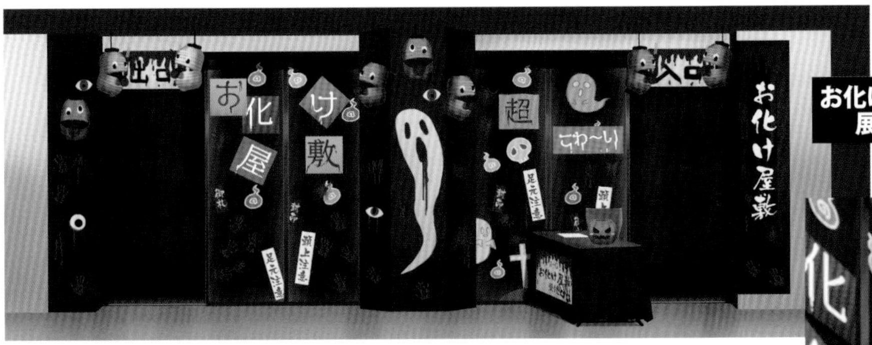

お化け屋敷展示

校門

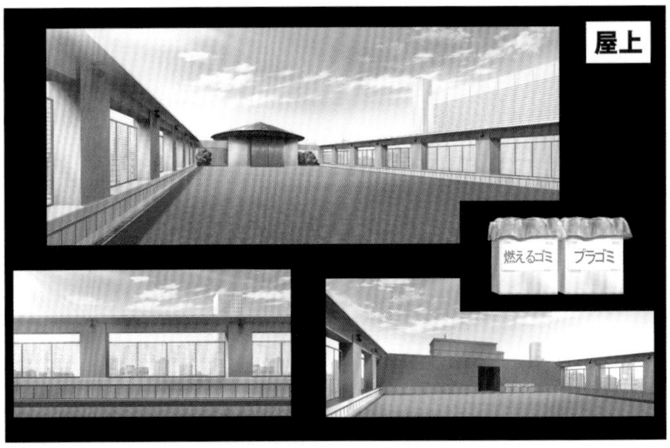

屋上

ラーメン店展示

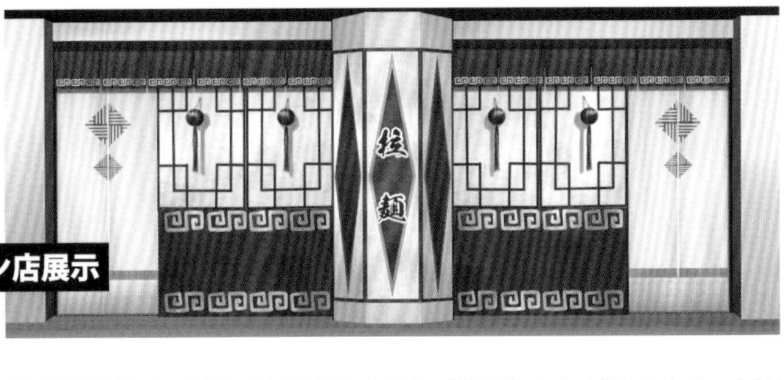

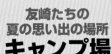

プロップ設定集

キャラクターたちの使うアイテム（プロップ）の設定を紹介。細かなところにも個性を引き立てるこだわりが込められている。

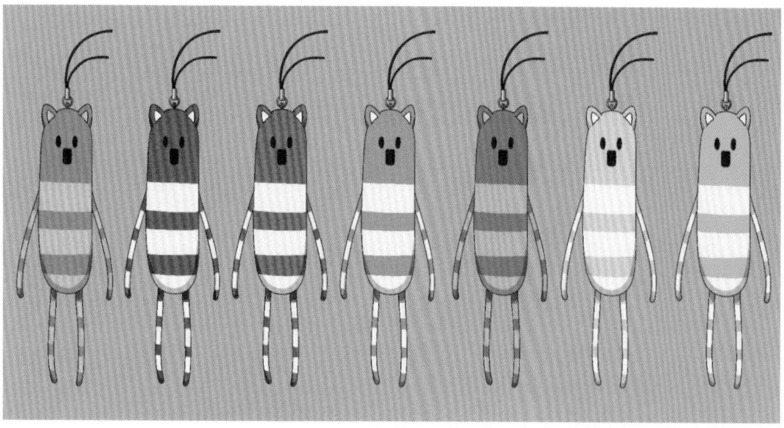

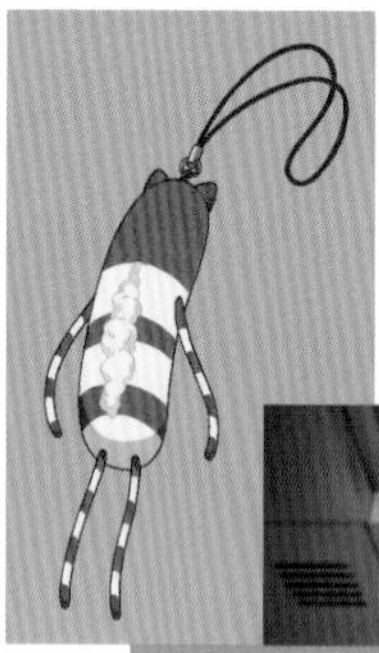

みなみからの友情の証
ハニワストラップ

みなみが大好きなストラップ。第２期第５話で花火のストラップが、エリカグループに破られてしまった。

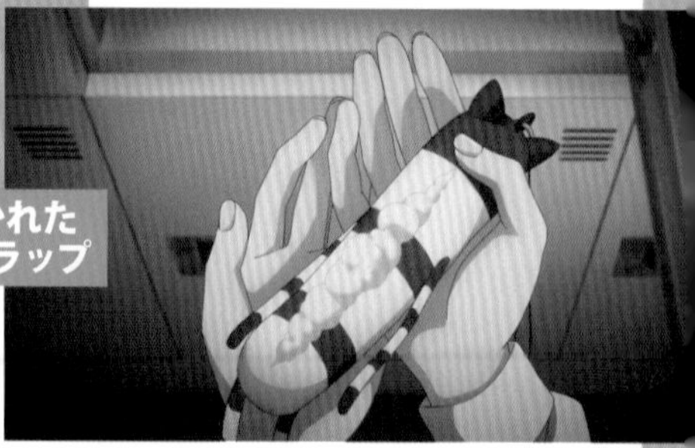

破かれたストラップ

コントローラー

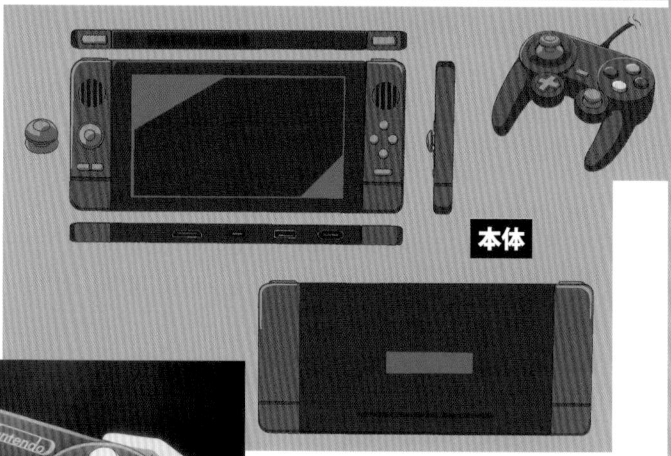

本体

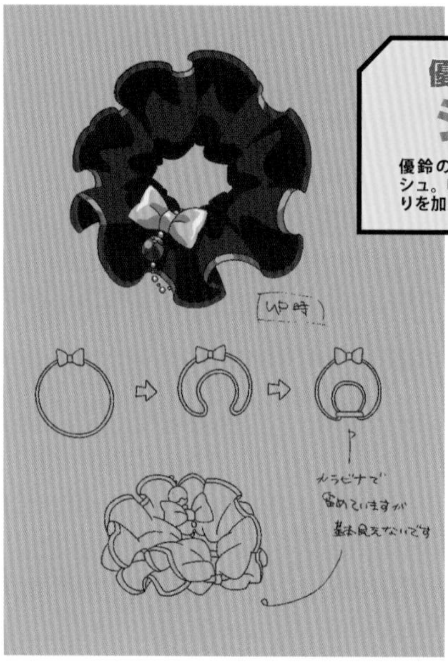

優鈴のカバンの
シュシュ

優鈴のカバンについているシュシュ。味気ないスクールバッグに彩りを加えるアイテムだ。

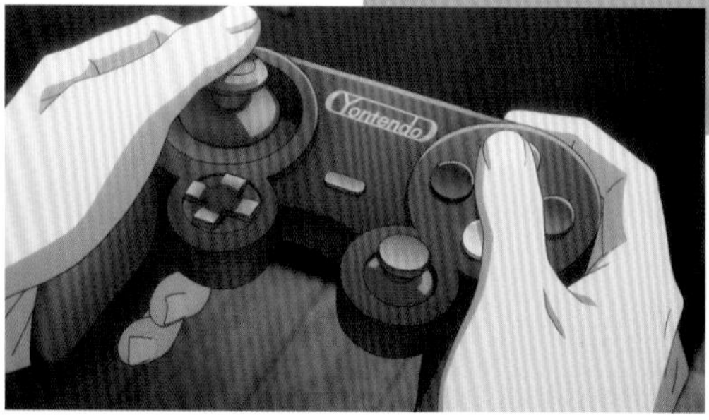

友崎たちが熱中
アタファミ関連

『アタファミ』を遊ぶための本体とコントローラー。友崎は赤、日南は緑、優鈴はピンクなど色選びの好みも分かれている。

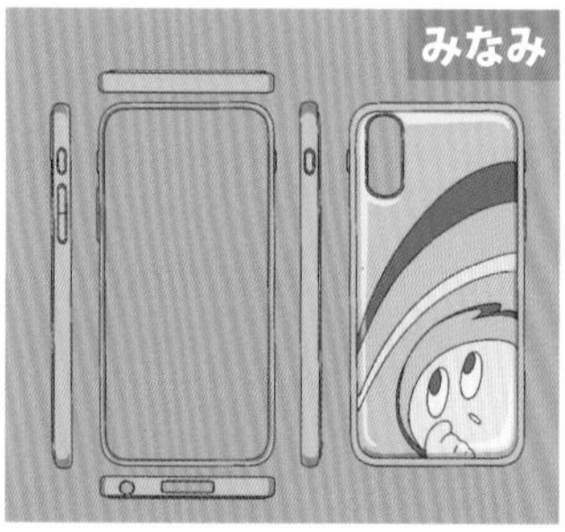

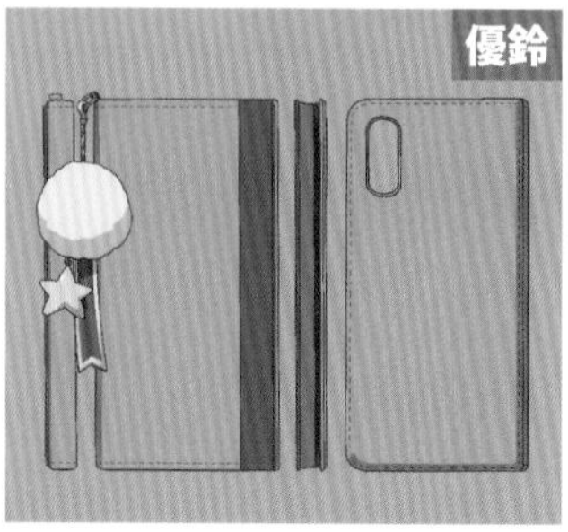

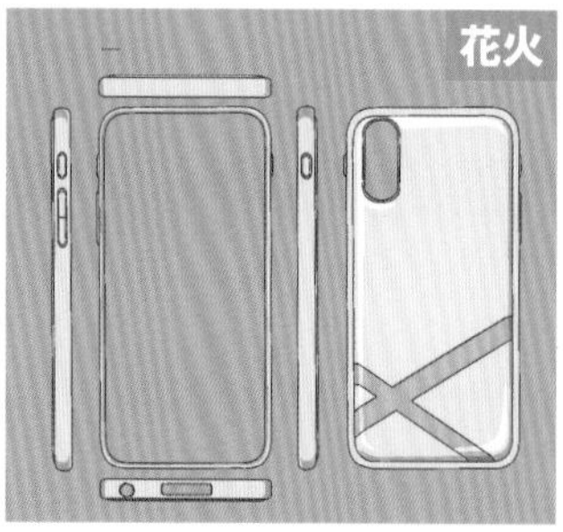

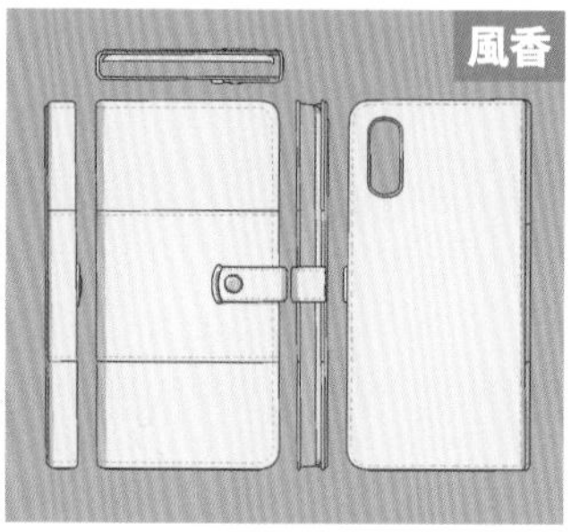

個性が出ている
スマホケース

ヒロインたちが使用しているスマホケース。シンプルなものからワンポイントのおしゃれまで、十人十色だ。

第7章

イラストギャラリー

『弱キャラ友崎くん』のアニメイラストを抜粋して掲載。
原作イラスト・フライ先生がアニメのために描き下ろした
イラストコーナーも必見。

歴代ティザービジュアル、キービジュアルやグッズなどに
使用された思い出のイラストを振り返っていこう。

初出／『弱キャラ友崎くん』キービジュアル
作画／矢野茜
仕上げ・特効／鈴木ようこ
背景／安田ゆかり (Olive)

初出／イベント
『弱キャラ友崎くん Fes! 』
キービジュアル
作画／矢野茜
仕上げ・特効／鈴木ようこ

初出／『弱キャラ友崎くん 2nd STAGE』
ティザービジュアル１
作画／矢野茜
仕上げ・特効／鈴木ようこ

初出／『弱キャラ友崎くん 2nd STAGE』ティザービジュアル2
作画／矢野茜
仕上げ・特効／鈴木ようこ

初出／『弱キャラ友崎くん 2nd STAGE』キービジュアル
作画／矢野茜
仕上げ・特効／鈴木ようこ
背景／野添 静 (Olive)

初出／『弱キャラ友崎くん』
Blu-ray 法人特典イラスト 2
作画／矢野茜
仕上げ・特効／鈴木ようこ

初出／『弱キャラ友崎くん』
Blu-ray 法人特典イラスト 1
作画／矢野茜
仕上げ・特効／鈴木ようこ

初出／『弱キャラ友崎くん』
Blu-ray 法人特典イラスト 3
作画／矢野茜
仕上げ・特効／鈴木ようこ

初出／『弱キャラ友崎くん』
等身大パネル用イラスト
作画／矢野茜
仕上げ・特効／鈴木ようこ

初出／ POP UP SHOP in ボークス秋葉原ホビー天国 2 用イラスト
作画／小川エリ
仕上げ・特効／鈴木ようこ

フライ先生［原作イラスト］による アニメ用イラストコーナー

フライ先生が、Blu-ray パッケージなどアニメ用に描き下ろしをした５人のヒロインを BIG サイズで掲載！　とっても魅力的なイラストをご堪能あれ。

初出／弱キャラ友崎くん Blu-ray BOX - ニューゲームエディション - [Blu-ray]（第 1 期）
イラスト／フライ

初出／弱キャラ友崎くん vol.1 [Blu-ray]（第 1 期）
イラスト／フライ

初出／弱キャラ友崎くん vol.3 [Blu-ray]（第１期）
イラスト／フライ

初出／弱キャラ友崎くん vol.5 [Blu-ray]（第1期）
イラスト／フライ

初出／弱キャラ友崎くん vol.4 [Blu-ray]（第１期）
イラスト／フライ

初出／弱キャラ友崎くん vol.2 [Blu-ray]（第 1 期）
イラスト／フライ

初出／弱キャラ友崎くん vol.6 [Blu-ray]（第 1 期）
イラスト／フライ

制作スタッフ

［装丁・本文デザイン・DTP］　山川夏実
［制作協力］　　　　　　　　轟豊太（ドリームシフト）
　　　　　　　　　　　　　　兼岩元子（ハピネットファントム・スタジオ）
　　　　　　　　　　　　　　前田健太（アスミック・エース）
　　　　　　　　　　　　　　岩浅健太郎（小学館）
　　　　　　　　　　　　　　鈴木久美子（大沢事務所）

　　　　　　　　　　　　　　project No.9
　　　　　　　　　　　　　　アイムエンタープライズ
　　　　　　　　　　　　　　ぷろだくしょんバオバブ
　　　　　　　　　　　　　　ラクーンドッグ
　　　　　　　　　　　　　　大沢事務所
　　　　　　　　　　　　　　81プロデュース
　　　　　　　　　　　　　　アトミックモンキー
［編集・ライター］　　　　　斉藤優己（パワフルプロダクション）
　　　　　　　　　　　　　　水葉龍弥（パワフルプロダクション）
［校正］　　　　　　　　　　佐藤ひかり
［編集長］　　　　　　　　　後藤憲司
［副編集長］　　　　　　　　塩見治雄
［担当編集］　　　　　　　　石井大

「弱キャラ友崎くん」とは

「このライトノベルがすごい!!」（文庫部門／宝島社刊）で、2017年度から5年連続TOP10入りしている、小学館ガガガ文庫で人気の屋久ユウキ先生による「人生のバイブル的青春ストーリー」。ゲームは最強レベルなのに、実生活では弱キャラの友崎文也が、同級生・日南葵の指南により人生を神ゲーとして攻略する！　アニメは2021年1月〜3月まで第1期が、2024年1月〜3月まで第2期がTV放送された。

アニメ「弱キャラ友崎くん」公式攻略ガイド

2024年6月1日　　　初版第1刷発行

編集　　　MdN編集部
発行人　　山口康夫
発行　　　株式会社エムディエヌコーポレーション
　　　　　〒101-0051 東京都千代田区神田神保町一丁目105番地
　　　　　https://books.MdN.co.jp
発売　　　株式会社インプレス
　　　　　〒101-0051 東京都千代田区神田神保町一丁目105番地
印刷・製本　図書印刷株式会社

Printed in Japan
© 屋久ユウキ・小学館／「弱キャラ友崎くん」製作委員会
© 屋久ユウキ・小学館／「弱キャラ友崎くん2」製作委員会

【カスタマーセンター】
造本には万全を期しておりますが、万一、落丁・乱丁などがございましたら、送料小社負担にてお取り替えいたします。お手数ですが、カスタマーセンターまでご返送ください。

落丁・乱丁本などのご返送先
〒101-0051　東京都千代田区神田神保町一丁目105番地
株式会社エムディエヌコーポレーション カスタマーセンター　TEL：03-4334-2915

書店・販売店のご注文受付
株式会社インプレス　受注センター　TEL：048-449-8040／FAX：048-449-8041

●**内容に関するお問い合わせ先**
株式会社エムディエヌコーポレーション
カスタマーセンター メール窓口
info@MdN.co.jp

本書の内容に関するご質問は、Eメールのみの受付となります。メールの件名は『アニメ「弱キャラ友崎くん」公式攻略ガイド　質問係』をお書き添えください。電話やFAX、郵便でのご質問にはお答えできません。ご質問の内容によりましては、しばらくお時間をいただく場合がございます。また、本書の範囲を超えるご質問に関しましてはお答えいたしかねますので、あらかじめご了承ください。

ISBN978-4-295-20660-6　C0076